組《そ》織《しき》と働《はたら》き方《かた》を「変《か》える・変《か》えない・先《さき》延《の》ばす」さて、どうする？

Organization and Work Style :
“Change? Don’t change? Procrastinate?”
What to do?

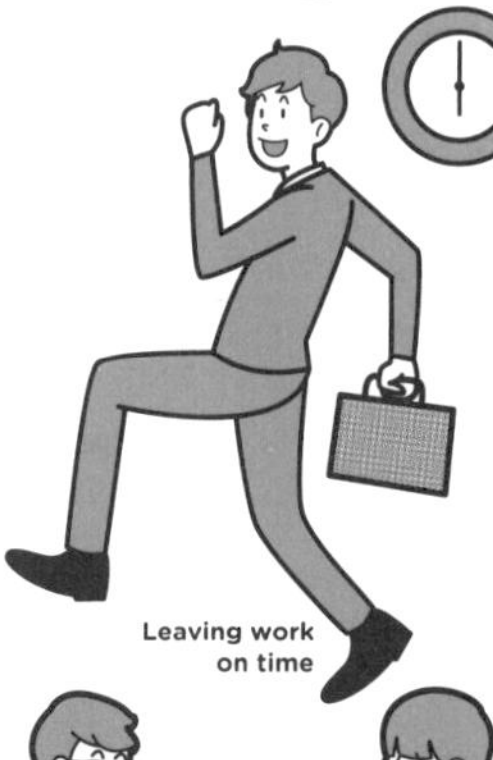

産業医・経営コンサルタント・MBA
上村紀夫《うえむらのりお》
UEMURA NORIO［Author］

CROSSMEDIA PUBLISHING

はじめに

経営者や人事担当者は様々な悩みを抱えている

◎会社は社員の健康や働きやすさにどこまで配慮すればいいのか？

◎在宅勤務・フレックスタイム・フリーアドレス・副業など、働き方の変化が生産性の向上に貢献しているのか、しっくりきていない……

◎働き方に多様性を持たせたいが、事業維持や発展とのバランスを取るのが難しい

◎時代遅れの会社にはなりたくないが、会社として「そこまで対応すべき？」と思う事項が増えていると感じる

◎労働時間の削減と生産性のバランスを両立するのが難しく、結局誰かがカバーしている。または組織全体で生産性を落としていると感じる

◎在宅勤務で現状維持の仕事はできるが、出社している社員に不平不満が蓄積している

◎在宅勤務によってヒューマンマネジメントの工数が増え、マネジャーに過度な負担がかかっている
◎これまで通りオフィスに出社することに対して批判的な社員が増えてきている
◎コミュニケーションや1on1、社員に向き合うことも大事だが、どこまで大切に扱えばいいのかわからずモヤモヤしてくる

本書を手に取っていただいた経営者・人事担当者の方なら、一度は感じたことがある悩みではないでしょうか？

「激動」の中で経営者・人事担当者は神経を尖らせている

近年の働き方改革を発端に、労働時間の削減やフレックスタイム制をはじめとした多様な働き方の選択、健康推進など、経営資源である社員にいきいきと働いてもらいたいと考える企業は増えています。さらに、日常生活やビジネスに大きな影響をもたらした新型コ

ロナウイルス感染流行をきっかけに、これまでの働き方を見直そうという動きは加速。流行から数か月経ったいまもその動きは進む一方です。そのような社会情勢の中、多くの経営者や人事担当者は、社員の健康や柔軟な働き方への対応と、事業保全のはざまで神経を尖らせていることでしょう。私もそのうちの一人です。

「これからの働き方はどうなってしまうのか？」「組織運営はどう考えていけば良いのか」これらは私を含め多くの経営者・人事担当者が抱える疑問です。

私は、経営者・コンサルタント・産業医といった3つの立場で「働き方」を考えています。それぞれの立場で抱える課題や、意識していること、気づきが異なります。

経営者として、価値提供と働きやすさのバランスを考える

まず経営者としては、社員の活躍の場の提供、居心地の良い職場づくり、顧客に提供する価値を増やすことができる強い組織づくり、これらが、常日頃から私の経営におけるホットトピックです。

自社の社員にどうやって活躍してもらうか、自社で働くことを「楽しく」感じてもらうか、顧客や社会に貢献できる価値を生み出せる組織をどうつくるか。社員の働きやすさと組織としての価値提供のバランスに、私自身も悩むことは多くあります。当然、経営者ですので、組織づくりだけでなく、ファイナンス面や組織をいかに維持・成長させていくかといったことも日々模索しています。

新型コロナウイルス感染流行時は、「自社の方針をどうするか？」「自社の社員をいかに守るか？」を考えながら対応を進めていました。当社は嘱託産業医サービスを主軸にしていますが、産業医は法令により毎月1回の訪問が義務づけられています。そのため、訪問によって顧客企業に提供していた産業医としての「価値」を、訪問ができない中で提供するための新しい方法を模索・推進していました。3月からは、顧客企業の状況に合わせて、本来訪問して行うべき業務をオンラインツールを用いて行うことで、面談対応や人事担当者との打ち合わせも問題なく対応できました。来訪制限などもあり、感染リスクを考慮すると対面での業務は難しいのが現実です。しかし、目下で発生している不調者への面談や、復職という大切な時期をひかえた従業員への面談は後回しにはできません。ピンチの状況でも、顧客企業と情報を共有し、その時にできる精一杯の方法を模索して価値提供のバランスを維持していきました。

自社で働く社員を守る点についても同様で、雇用の維持だけでなく、出勤による感染リスクを低減させるため、4月から在宅勤務を実施しました。現在はオフィスへの出勤を基本としていますが、在宅勤務にはメリットも感じつつ、自社の業態や状況を顧みると決してメリットばかりではないとも感じた数か月でした。

コンサルタントとして、新しい組織課題の発生への対応支援を考える

コンサルタントとしては、「集団→個」に意識変化している現代において組織の一体感をいかにうまく醸成し維持していくかといった課題に対し、解決支援を行っています。顧客企業が抱える組織課題は複雑化しており、経営者が「良かれ」と思って行った施策が従業員にとってネガティブに捉えられている事案を多く目にします。どの会社も、集団から個人に労働がシフトする現代における組織づくりに悩んでいるのです。

新型コロナウイルス感染流行に伴い、当社の顧客企業でも、在宅勤務を導入し、現在も在宅勤務を併用しながら組織運営を行っている会社はあります。在宅勤務におけるマネジ

メントの難しさや、出勤組が在宅勤務組に抱く不公平感への対処、評価問題など、日々様々な課題を顧客企業から相談いただいています。コロナに限らず猛烈な速さでビジネスが変化していく現代においては、ありきたりな施策提案や助言では足りず、コンサルタントにも時代に合わせた柔軟な視点が求められています。

産業医として、個別の従業員への影響と働き方を考える

産業医としては、顧問先の人事担当者や従業員と接する中で、離職していく方やメンタル不調に陥る方といった具体的事案を多く目にしています。新型コロナウイルス感染流行に関係なく、業務遂行に必要な人員の確保や、労働力不足によってもたらされる現場の疲弊感の増大、メンタル不調をはじめとした「ヒトの問題」はこれまでも発生している課題です。ただ、社会情勢の変化によって従業員の働く目的も大きく変化している今、労働価値の変化（シフト）に柔軟に対応できていない会社では、今後さらにそれらの課題の深刻さが増し、加速していくのではという実感があります。近年は過重労働事案や昔ながらの明ら

かなハラスメント事案は減ってきています。その一方で、組織にはびこる「ヒトの問題」は、メンタルダウンのみならず、ストレス耐性の低い人材の増加、発達障害の方への対応過程で生じる職場問題、ＬＧＢＴへの対応、同一労働同一賃金における課題など、複雑さを増してきているようにここ数年感じています。

この5年程で人々が働く目的（労働価値）は大きく変化しており、特に新型コロナウイルス感染流行は、社会情勢に急速かつ大きな影響力を与えました。これまで通りの「組織のあり方」では、社員の働く目的と会社が提供できる価値にはますますギャップが生まれると考えられます。従来は、他社の動きを見ながら「他社も実施し始めたからそろそろ自社も」と継ぎはぎしつつ形成してきた組織運営で対応できていた部分もあると思います。しかしながら、時代は大きく変化しようとしています。

急速かつ影響力の大きな「変化」によって組織のあり方が揺らぐ今、私たち経営者、人事担当者はこのような課題、テーマにどのように取り組んでいけば良いのでしょうか。

経営者・人事担当者が抱える3つのモヤモヤ

経営者としての個人的な実感だけでなく、顧客企業の経営者や人事担当者と話す中で、経営者・人事担当者が抱える「社員の健康や柔軟な働き方への対応と事業保全」についての悩み、つまりモヤモヤは３つに整理できると考えています。

モヤモヤ❶

社会情勢の急激な変化によって、会社の方針を固める前に、なし崩し的に組織運営が変更・固定化されてしまうことへのモヤモヤ。

モヤモヤ❷

社員は「〇〇でも十分仕事ができる」と考えているようだが、会社から見ると実際には「できている」とは言えない。その感覚の違いへのモヤモヤ。

モヤモヤ❸

会社としてどこまで社員の「健康」や「働きやすさ」に配慮しなければいけないのか、というモヤモヤ。

このような3大モヤモヤを抱えながら、経営者や人事担当者は、今後の会社方針および組織運営に関する施策の導入可否についての判断を迫られています。「この施策を導入することがはたして正しいのか？」、明確な判断基準のないまま、「今は仕方なし」と進むことに不安を感じているのではないでしょうか。経営も、社員の健康も、顧客への価値提供も……と様々な課題に挟まれ苦しむ、私を含めた経営者や人事担当者のモヤモヤを少しでも軽減できることを願い本書を執筆しました。

この本でそのモヤモヤ解消しましょう

本書はそんなモヤモヤを抱える経営者や人事担当者に向けた一冊です。6章構成となり、

第1〜3章では、社会情勢が組織運営に与える影響のメカニズムを解明。新型コロナウイルス感染流行に限らず、急激な社会情勢の変化が組織に与える影響を深堀りします。そして、経営者や人事担当者の視点から、人事施策にまつわる3つのモヤモヤの正体をロジカルに整理していきます。

第4〜6章では、人事施策が社員、組織、そして社会に与える影響の分析方法を紹介。施策を成功に導く方法や、施策をあえて導入しない決断をする勇気を手に入れられます。

私自身も、今まさに本書を読んでいるあなたも、「組織をさらに良くするには」「ありたい組織像の実現のために何ができるか」と、その方法を模索したい気持ちは同じです。

本書を読むことで手に入れられるお土産は3つあります。

◎社員のための施策を考える際の「モヤモヤ」の正体がクリアになる
◎施策検討のための判断基準がわかる
◎施策導入について判断をする勇気が手に入る

社会情勢の変化に伴い組織のあり方が問いただされる今、自社がこれからどうすればいいのか考える上でのヒントをひとつでも手に入れていただければ幸いです。

組織と働き方を「変える・変えない・先延ばす」さて、どうする？　目次

第2章

モヤモヤ❷

社員と会社の価値観のちがい、どううめる？

第3章 社員の気持ちにどこまでこたえる？

モヤモヤ③

第5章 フレームワークで施策の導入可否を判断する

第6章
パラダイムシフトをチャンスと考える方法

第1章

モヤモヤ 1

一度変えた組織運営続ける？元に戻す？

モヤモヤケース①

組織運営はじっくり変えたい社長と、ゆっくり現場の声が気になる人事

専門商材を扱う商社　A社
創業60年の〝老舗企業〟タイプ

A社社長の口癖は「おれの時代は……」。そんな社長の口癖もすっ飛ばす勢いで組織運営を変えざるを得ない災害が発生。それが新型コロナウイルス感染流行だった。

2020年の2月から本格的に始まった新型コロナウイルス感染流行時、A社では3月時点では様子を見ながら通常勤務を行っており、3月末時点でも手洗い・マスク着用というレベルの対策で日常を送っていた。社員の一部からは、「うちの会社はどうせ在宅勤務はし

ないだろう」「せめて時差出勤にしてくれないか」といった不安や不満の声が上がっていた。

社員からのそのような要求もあり、人事部では新型コロナウイルス対策委員会を設置。事業継続計画の見直しとともに、4月以降も感染状況が変わらない、または緊急事態宣言が発令された際の会社の対応を早急に確認しようという動きを急ピッチで進めた。

その結果、4月の2週目から、営業職をはじめとする一部業務は在宅勤務に移行。在宅での業務が難しい経理や、専用システムを扱う事務職等は交代勤務を導入した。

その後、緊急事態宣言の解除に伴い、6月1日より原則通常勤務に移行。しかし、オフィスの出社率を50%に維持するため、在宅業務でも支障がない職種については在宅勤務の延長を認めていた。社員の中には「感染リスクが怖いから交代勤務は継続したい」「せめて時差出勤は続けてほしい」「一部業務だけ在宅勤務が継続されていて不公平だ」といった不平不満が再燃。

A社の社長は「いつまでもこんな施策を認めるわけにはいかないよ。仕事は出社ありき！」と通常の勤務体制へ早急に戻したい様子。人事としては、東京都や政府からの要請と実際の業務影響を考えつつ慎重に対応したいが、板挟みに苦しんでいる。

モヤモヤ❶の解説

組織は、「当たり前」の上に成り立っていた

経営者や人事担当者が抱く疑問

◎このまま在宅勤務を継続したほうがいいのだろうか
◎オフィスのあり方を見直すべきなのだろうか
◎「オフィス出社」という概念はこれからどうなっていくのか
◎新しい生活様式に求められるがまま対応しているが今後どうしたらいいのか
◎元の組織運営に戻したときに社員から反発を食らうのではないだろうか
◎会社の考えと社員の考えのバランスをどうとっていけばいいのだろうか
◎今の組織はうまく回っていると言えるのだろうか

新型コロナウイルス感染流行という社会情勢の急激な変化は、企業に時間的猶予を与えることなく、組織運営を変えさせる力を発揮しました。従来の組織運営は、社会情勢と経営方針というふたつの土台により成り立っていましたが、この「当たり前」が崩された

2020年現在、なし崩し的に組織運営を変更・固定化することに対して、多くの会社が戸惑っているのではないでしょうか。

時代ごとに存在していた「当たり前」

新型コロナウイルス感染流行に限らず、これまでも、社会情勢の変化に伴い組織運営を変更・固定化する動きは度々起きていました。例えば、時代による変化です。戦後、昭和、平成と、時代に応じた「組織のあり方」「働き方」がそれぞれ存在していました。

昔は、「正社員＝男性」「女性は結婚したら寿退社」という考え方や、「24時間働けますか？」の広告コピーに代表されるように、成果より労働時間が重視され、「長く働いている＝仕事している」と評価される傾向がありました。また、上司や取引先との飲みニケーションが出世の一歩という考え方が「当たり前」でした。会社はある意味「家族」や「村」のような密接したコミュニティに近く、ひとつの会社に所属しそこで居場所を作ることが当然と考えられていました。それが平成に入り、女性の社会進出や契約社員・派遣社員といった新しい働き方が台頭する中で、仕事とプライベートの切り分けが進み、「家」と「職場」は分

組織は、時代ごとの「当たり前」の上に成り立っていた

けて考えるのが「当たり前」に。長時間労働における過労死問題が露呈すると、批判が強まるばかりか、長時間労働をさせている会社はブラック企業だとみなされます。法令で労働時間に明確な上限が設定されるなど、社会全体でワークライフバランスを保とうとすることが「当たり前」という考え方に。そして令和に入り、働き方改革の名の下で、働き方に選択肢を持たせる考えが進み、会社は「家」や「村」といった密なコミュニティではなく、多様な価値観や働き方をもつ個が活躍する「場」（プラットフォーム）化が進んできていると考えます。そうした時代に応じた働き方の変化に対して、これまでも会社はなんとか適応してきました。

長時間労働への対策が求められれば労働時間の削減に動き、育児・介護と仕事の両立を求められれば、フレックス制や時短制度を導入。**「社会に求められる姿」を意識して組織運営を行ってきました。**それはある意味、取り急ぎの応急措置のように継ぎはぎしつつ、組織存続を実現するためにうまく適応してきたとも言えます。どんな時代においても、組織運営には、「社会情勢」と、それを意識したうえでの「経営方針」のふたつが密接に影響し合っていました。

組織運営にはふたつの土台がある

もう少し深堀りしていきましょう。組織運営を考える際には、先に述べた「社会情勢」と「経営方針」というふたつの土台の存在が欠かせません。

社会にはその時々の流れがあり、その流れは変化し続けます。例えば女性の社会進出、介護問題、少子高齢化に伴う核家族化、災害など、その変化によって生じたスタンダードは時間がたてばやがて消えゆくものではなく、不可逆的に時代を投影する事象として残ります。またそれらは、会社が調整できる話ではなく、否応なしに影響を受けていきます。

組織運営は二つの土台の上に成り立つ

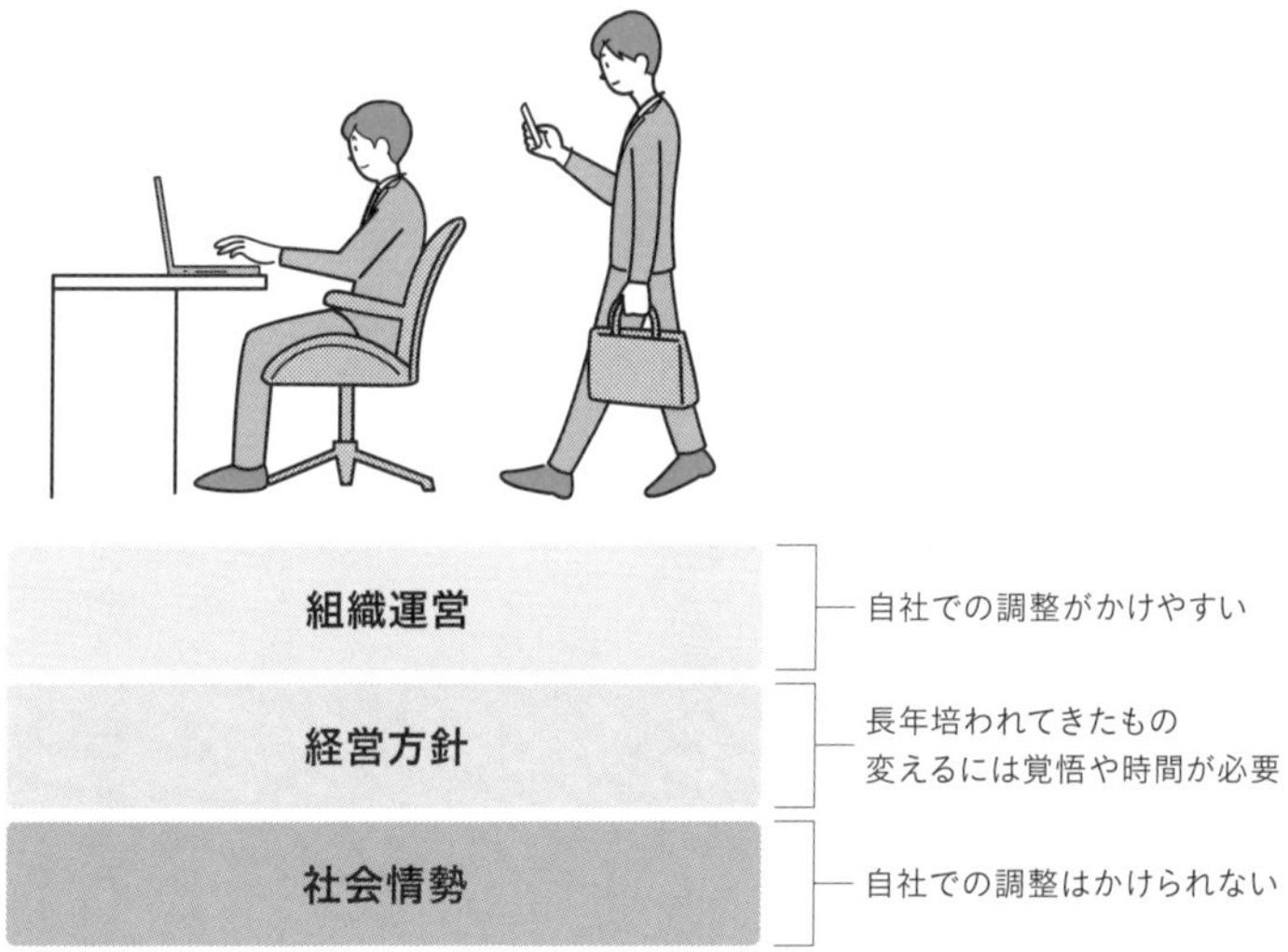

そして、社会情勢の変化に合わせて、「経営方針」を微調整していきます。経営方針は、社会情勢とは異なり自社の意思で調整していくことができるものの、組織文化といった要素も関連するため、変えるにはそれ相応の「覚悟」や「時間」が必要となります。このように、組織運営をどのように動かすかといった意思決定において、「社会情勢」「経営方針」というふたつの基礎が常に存在していました。フレックス制の導入、人事制度変更、契約形態の選択といった施策があるように、「時代に合わせた施策を」といった意識の下、多くの会社で社会の動きと経営方針をベースに組織運営を行ってきたのではないでしょうか。

今は組織運営をじっくり考える猶予がない

経営方針に影響を与えるひとつの要因である社会情勢は、急激な変化というよりもなだらかに変化することが多かったのがこれまでの時代でした。つまり、時代の変化に対して様々な角度から検討をしたうえで、「よし、変えよう」と判断して経営方針を決める**時間的猶予**がありました。

例えば、育児や介護。「育児休業、介護休業等育児又は家族介護を行う労働者の福祉に関する法律」は、１９９０年代に公布され、平成29年と令和元年にも改正されています。少子高齢化の急速な進行と労働人口の減少という課題が、いずれ社会経済に深刻な影響を与えることを懸念し、「仕事か家庭か」、「仕事か介護か」という二者択一ではなく、仕事と子育てや介護を両立しながら働くことを望む人々の希望の実現を目的にしています。育児や介護に関する人事施策では、こうした法制度改正の下、「対応すべきこと」を整理したうえで、経営方針を検討して組織運営に転換させています。法制度という強制力があったとしても、経営方針の決定なしに明日から突然組織運営が変えられることはほとんどありません。一時的に組織運営を変化させても、改めて経営方針を修正・微調整し、組織運営を構

これまでは社会情勢に適応する時間的猶予があった

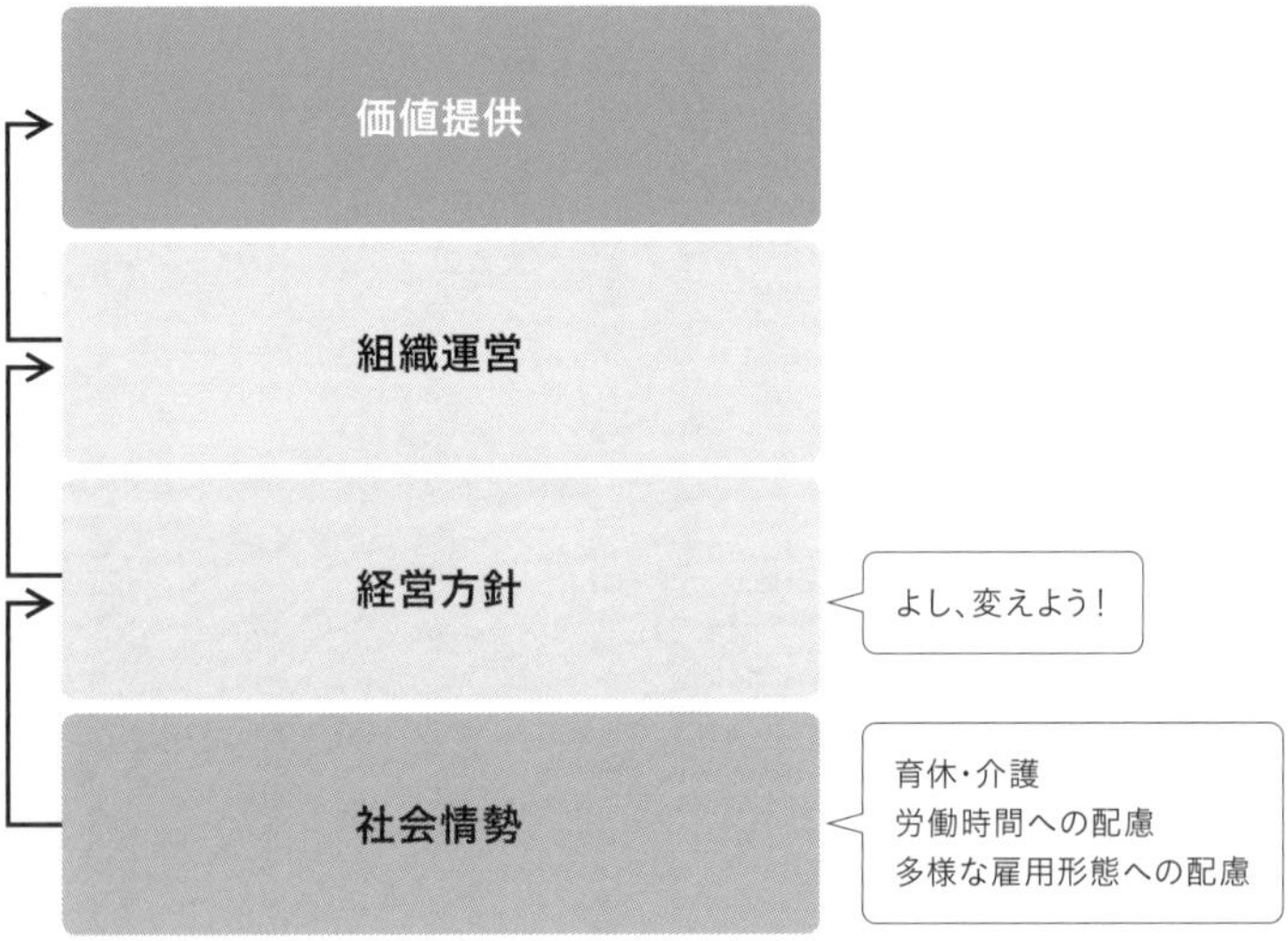

築します。他社の取組みや自社の状況に合わせて、施策をアレンジしていく。それがこれまでのスタンダードでした。

つまり、「社会情勢」と「経営方針」というふたつの土台が基礎となって「組織運営」を行っており、変化させることによって生じる影響についても、じっくりと考える時間が確保されていたのです。

モヤモヤ❶の論点

組織の「当たり前」を急激に崩すパラダイムシフトが近づいている!?

「当たり前」を恐るべき速さと強さで崩したコロナというきっかけ

2020年の新型コロナウイルス感染流行は、これまで数十年ゆっくりと調整し、構築されてきた組織の「当たり前」を恐るべき速さと強さで崩していきました。社会情勢の変化がなぜそれほどまでに組織運営に影響をもたらしたのか。それは、あらゆるステークホルダーを巻き込みながら社会情勢が急激に変化したためです。つまり新型コロナウイルス感染流行は、世界全体という広い範囲に影響をもたらし、自社とそれに付随するリソース、顧客、競合といった多様なステークホルダーを巻き込みながら、経営方針を考える猶予もないほど急速に、そして、強制的に組織運営の転換を強いたと考えます。これまで多くの会社で十年以上も導入が試されつつも浸透しなかった「在宅勤務」を、導入せざるを得ない強制力によって、経営方針の十分な議論からの意思決定を待つ猶予なく組織運営を変化させた、それが新型コロナウイルス感染流行に伴う組織運営の急激な変化でした。

パラダイムシフトが起きた可能性

　ここで押さえておきたいことは、社会情勢の急激な変化によって経営方針を考える猶予なく組織運営が変わっただけでなく、社員の働き方に対する今までの考え方や価値観が「急激」かつ「革命的」に変化する、パラダイムシフトが起こった可能性があるということです。

　パラダイムシフトについてここで整理しておきます。**パラダイムシフトとは、ある時代や、分野における思考や概念、規範や価値観が革命的に変化すること**です。つまりこれまであった概念や価値観、当たり前とされていた考え方が１８０度変化することとも言えます。辞書によっては、「革命的・非連続的に変化すること」と、「非連続的」の要素が記載されていることもあります。そのため個人的見解としては、時間軸を踏まえて考慮するのであれば、長い時間経過を伴い変化していく概念・思考・価値観はパラダイムシフトというよりは単純な「時代による変化」と言え、もっと〝ガラッと〟〝一気に〟〝急激かつ劇的な〟変化をパラダイムシフトと定義したほうがしっくりくるのではないかと考えています。しかし、様々な情報源を見る限り「非連続的」を含まない定義をしている傾向が多いので、本書においても革命的という要素に絞って記載しています。そのため、本書では「パラダイ

コロナのような急激な社会変化は強制的に組織運営を変える

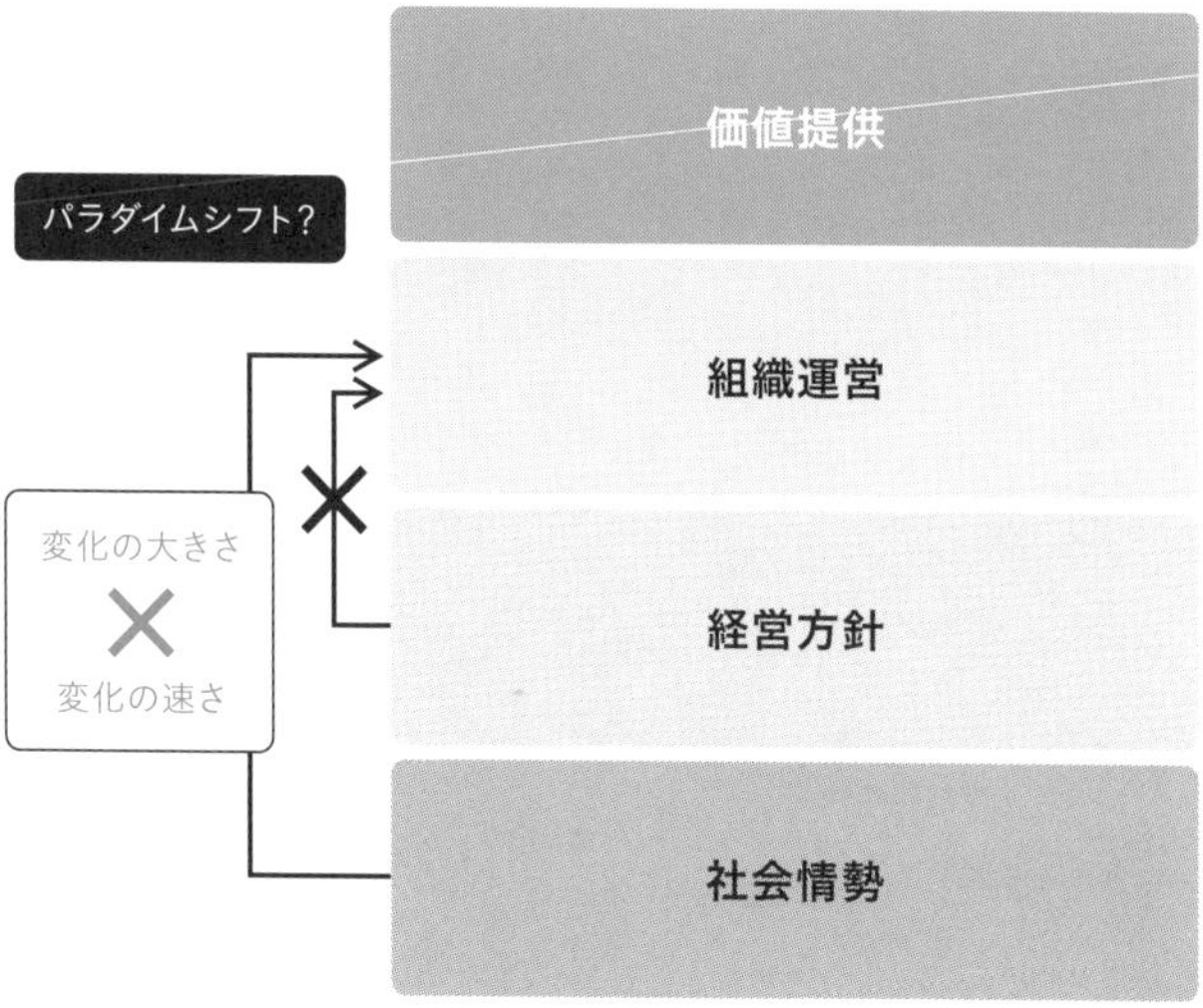

ムシフトとは、**今までの当たり前が変わり、新しい思考・価値観の浸透が進む**こと」と定義します。

パラダイムシフトが起きる背景にはどんなことがあるでしょうか。

そこには、解決できない問題が影響します。

大抵の場合、社会や多くの人、会社は「こうやったらこれは解決できるであろう」という前提、つまり「ある時代や分野における物の見方や捉え方（パラダイム）」を伴った解決策を用いて問題解決を行います。一定期間は、その解決策が最有効とされ成果も伴います。しかしながら、その解決策で解決できない例外的な問題が登場します。そこで人々はこれまで「当たり前」とされていた解決策や考え方に疑問を持ち、これまでは異端とされていた考え方の中に、問題を解決するために有効なものがあるのではと考え始めます。一人が新しい考え方を用いて解決し、また一人が同じく新しい考え方を用いて解決していく。こうして時間の経過とともに、新しい解決策（新しいパラダイム）を拠り所とする人の数が増えます。この動きが繰り返されて、新しいパラダイムが定着し、旧パラダイムが過去のものとされていく。つまり、新しく生み出された「ある時代や分野における物の見方や捉え方」が定着し、旧来の考え方が過去のものとなり、価値観の転換が起きるのです。

新型コロナウイルス感染流行に限ってみると、「新型コロナウイルス」という問題が登場したことにより、これまで労働現場で当たり前とされていた「オフィス出勤」ができない状況に。それにより、ある意味まだ異端かつ特別と捉えられていた在宅勤務や交代出勤・時差出勤（以下、在宅勤務等）が新しい有効な策として導入されました。在宅勤務は一部企業では導入されていますが、多くの業界では未だ浸透していません。メンバーシップの要素が強い日本企業ではガバナンスが効きづらいという点からも、浸透しづらいのは当然です。

そして、1か月、2か月、3か月と時間経過とともに感染流行の問題が深刻化していき、政府の要請に伴い他社も在宅勤務等の新しい形に転換。業界の動きが活発化していく中で、自社も動きを合わせる。そうして、新型コロナウイルス感染流行下における新しい働き方として在宅勤務が当たり前となり、「今の情勢下ではオフィス出勤ではなく在宅勤務の活用が当たり前に」が定着していきます。特に新型コロナウイルス感染流行に関して言えば、長期戦が覚悟されることから政府主導の下「新しい生活様式」が推奨されました。よって、オフィス出勤という選択肢しかないことが「旧パラダイム」、つまり古い考え方として捉えられる可能性は十分あるでしょう。

その他、雇用形態では終身雇用が当たり前ではなくなる、転職が当たり前になる、派遣や契約社員といった「正社員」以外の働き方が当たり前になる、組織に所属しない働き方が当たり前になるなどの流れもパラダイムシフトです。男女を例に考えると、「男性が働いて家を守るのが当たり前」から、「女性も少しは働きに出るのが当たり前」になり、次に「女性だって男性と同じくらい働くのが当たり前」に、そして今や「働くのに男性も女性も関係ないが当たり前」になりました。これまで考えられていた当たり前が緩やかに変遷する、それがパラダイムシフトです。革命的な変化を伴っていない物はただの「変化」だという意見もあるかと思いますが、前述した例のほとんどは、時間の経過とともに、今や「当たり前」

時代が変わると、「当たり前」も変わる

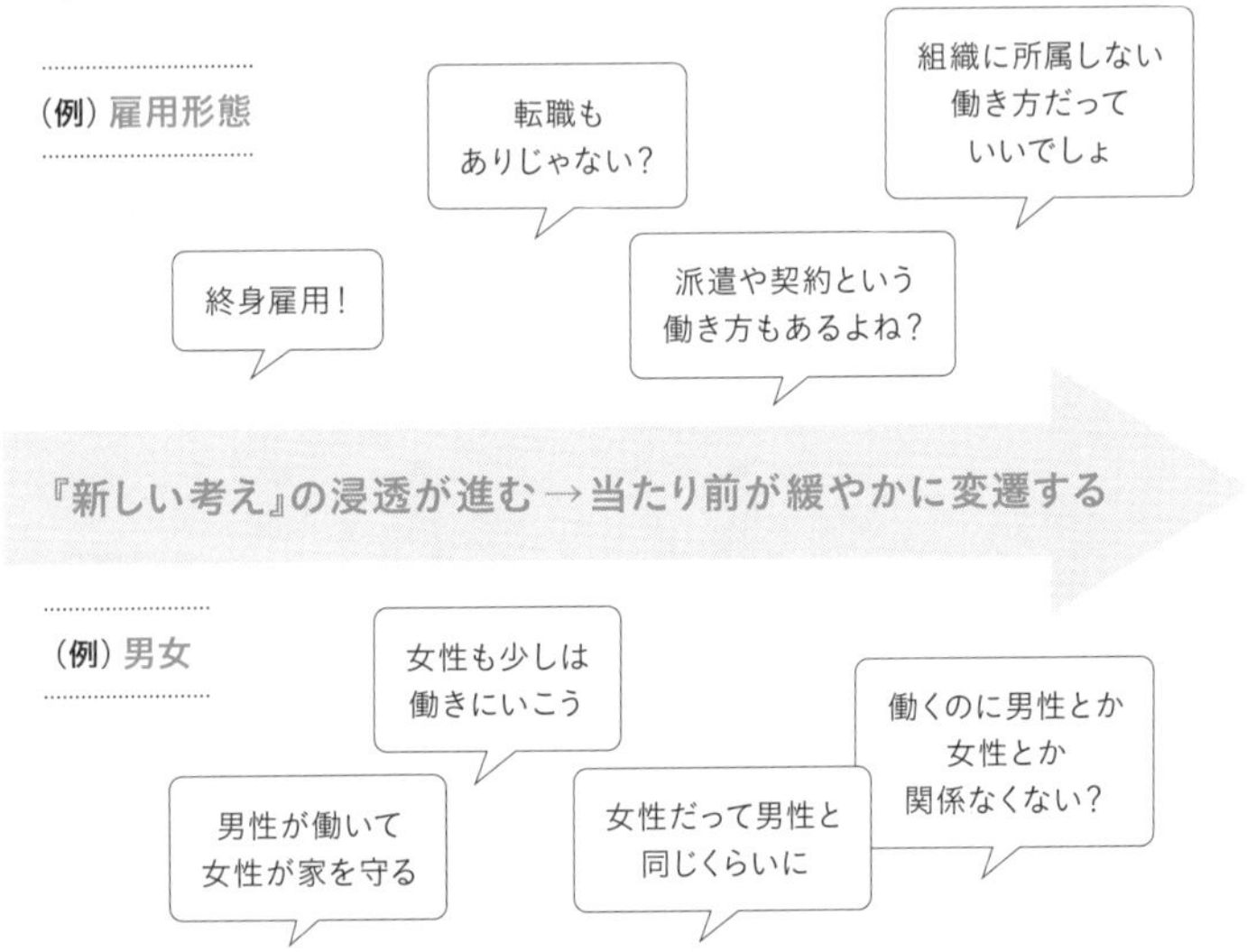
(例) 雇用形態
終身雇用!
転職もありじゃない?
派遣や契約という働き方もあるよね?
組織に所属しない働き方だっていいでしょ
『新しい考え』の浸透が進む→当たり前が緩やかに変遷する
(例) 男女
男性が働いて女性が家を守る
女性も少しは働きにいこう
女性だって男性と同じくらいに
働くのに男性とか女性とか関係なくない?

の価値観になっているのではないでしょうか。

　余談ですが、携帯電話もパラダイムシフトを示す典型例です。昔は携帯といえば、電話やメールといった機能しかなく、会話や連絡を取り合うための通信機器というのが私たちの「携帯電話に対する見方・捉え方」でした。1999年、docomoがiモードを開始し、携帯電話でインターネットができる時代が到来。そして、2007年にスマートフォンが登場したことで、従来の通信機器という見方だけでなく、高速インターネット・高機能カメラ・音楽プレーヤー・辞書・地図帳・電卓・テレビといった様々な機能

を備え、今や生活に欠かせないツールへと転換しています。これまで専用デバイスで成り立っていたあらゆる事象はスマホで完結し、人によっては財布も持たずにスマホだけあれば事足りる状態です。このように、パラダイムシフトは私たちが生きている時代において、ありとあらゆる分野で発生し続けています。

変化の時代の組織運営はどう考える？

今までの当たり前が変わり、「新しい考え」の浸透が進むこと（パラダイムシフト）は当然、組織の運営に影響を及ぼします。新しい生活様式に伴い、時差出勤・在宅勤務が主となりオフィス出勤が減るという考え方はパラダイムシフトとなりうる典型例といえるでしょう。

しかし、新型コロナウイルス感染流行に限らず、今後新たな災害や急激な社会情勢の変化に伴い組織運営が転換を迫られることもあります。その時に考えなければならないのは、その影響が一時的で済むのか、断続的な影響となるのかという点です。パラダイムシフト発生の影が見えたからといって、すぐさまその波に乗ることが正解とは限りません。多くの企業が在宅勤務や交代勤務を継続している今でも、本心では「さっさと通常のオフィス勤務に戻したい」と思う経営者がいるのは自然なことです。また、「社員は在宅勤務を気に入っているようだが会社としては喜べる状況ではない」と思う気持ちも自然なことです。

パラダイムシフト（新しい考え方の浸透）が発生していない、もしくは発生していても影響が少ないと判断できるのであれば、組織運営を変えずともその場を凌ぐことは可能でしょう。

一方で、今回の新型コロナウイルス感染流行のように、広範囲のステークホルダーを巻き込んだ形でパラダイムシフトが発生し、その影響が大きいと判断できる場合には、組織運営を変える、つまり固定化させた方が良いのか、元の運営に戻す方がいいのか、戻してしまっていいのかといった悩みから逃れることはできません。

その上で、経営者や人事担当者は組織の運営をどう考えていけば良いのでしょうか。私は、組織運営を考える際のポイントはふたつあると考えます。

ちなみに、業界によっては社会情勢の影響に関わらず、在宅勤務や時差出勤といった対応が難しい会社もあるので、その点は含まずあくまで在宅勤務ができる（であろう）業界・

業種・職種に限った話にはなります。

ポイント❶ 社会情勢が元に戻るのかどうかを見極める

パラダイムシフトには社会情勢が大きく影響しています。社会情勢が戻る可能性があり、パラダイムシフトには至らないと判断できるのであれば、組織運営は変化させずに臨時の対応としてやり過ごすというのも現実的な選択肢として存在します。

社会情勢が戻るとしても、今後も同様のことが幾度となく発生するリスクがあると考えて、組織運営を変える準備を急ピッチで進めてしまうのも有力な選択肢です。

また、会社発展のチャンスと捉えて、社会情勢が戻ろうが戻らなかろうが自社の組織運営を変えてしまうというのも一案です。

ポイント❷ パラダイムシフトの発生可能性を見極める

次に、社会情勢が元に戻らずパラダイムシフトが発生している、もしくはパラダイムシフトする可能性が高い場合を考えます。

苦肉の策として、社会情勢に適応した組織運営に変えていくのは現実的な選択肢となります。またさらに進んで、会社発展のチャンスと捉えて、前向きにマインドセットを変えて組織運営を変えるのもいいアプローチかもしれません。

一方、社会情勢は元に戻らずパラダイムシフトが起きることを覚悟しながらも、あえて「自社は変わりません！」と判断をするのも、状況によっては有力な選択肢となり得ます。

何が正解かは業界や業種、その会社が置かれる状況や価値提供によって異なってきます。時間的猶予がなく組織運営が転換されているのは事実です。「対応しなければならない」という焦りの背景に、いずれの事象があるのかは一度確認しておくといいでしょう。

オフィス解約、在宅勤務の固定化、ペーパーレス化、人員見直し等、会社は様々な案件を同時進行で検討している状況です。ひとつ言えることは、パラダイムシフトの流れに必ずしも乗らなければならないというわけではありません。オンライン化を進めるということはコスト削減・効率化・生産性を上げるメリットもありますが、リアルな場・リアルな対話・リアルな物を失う上では、必ずデメリットも生じてきます。デメリットを補えるメリットや価値があるのか見出していかなければならないというのも経営方針を考える上でのキーと言えるでしょう。

モヤモヤ❶の正体
経営方針を検討できない中で組織運営の変更と固定化を考えることへの戸惑い・不安

固定化は慎重に

新型コロナウイルス感染流行をきっかけに、経営方針をじっくり考える猶予なく、社会情勢により組織運営の変化を求められる事態を経営者や人事担当者は目の当たりにしました。「経営方針を十分に検討できないのに、このままの運営でいいのだろうか？」「一時的としていた組織運営が固定化されてしまいそうだが、いいのだろうか？」こうしたモヤモヤの根底には、これまで組織運営の下支えとなっていた社会情勢と経営方針というふたつの土台のうち、「経営方針」をすっ飛ばして組織運営を変えざるを得なかったという背景があったのです。

組織運営を一時的、臨時的に変えたはずが、それが「当たり前になってしまった！」ということがないよう、施策を固定化する際には慎重さが必要です。緊急的な対応が落ち着

なし崩し的に組織運営が変わるから「もやもや」する

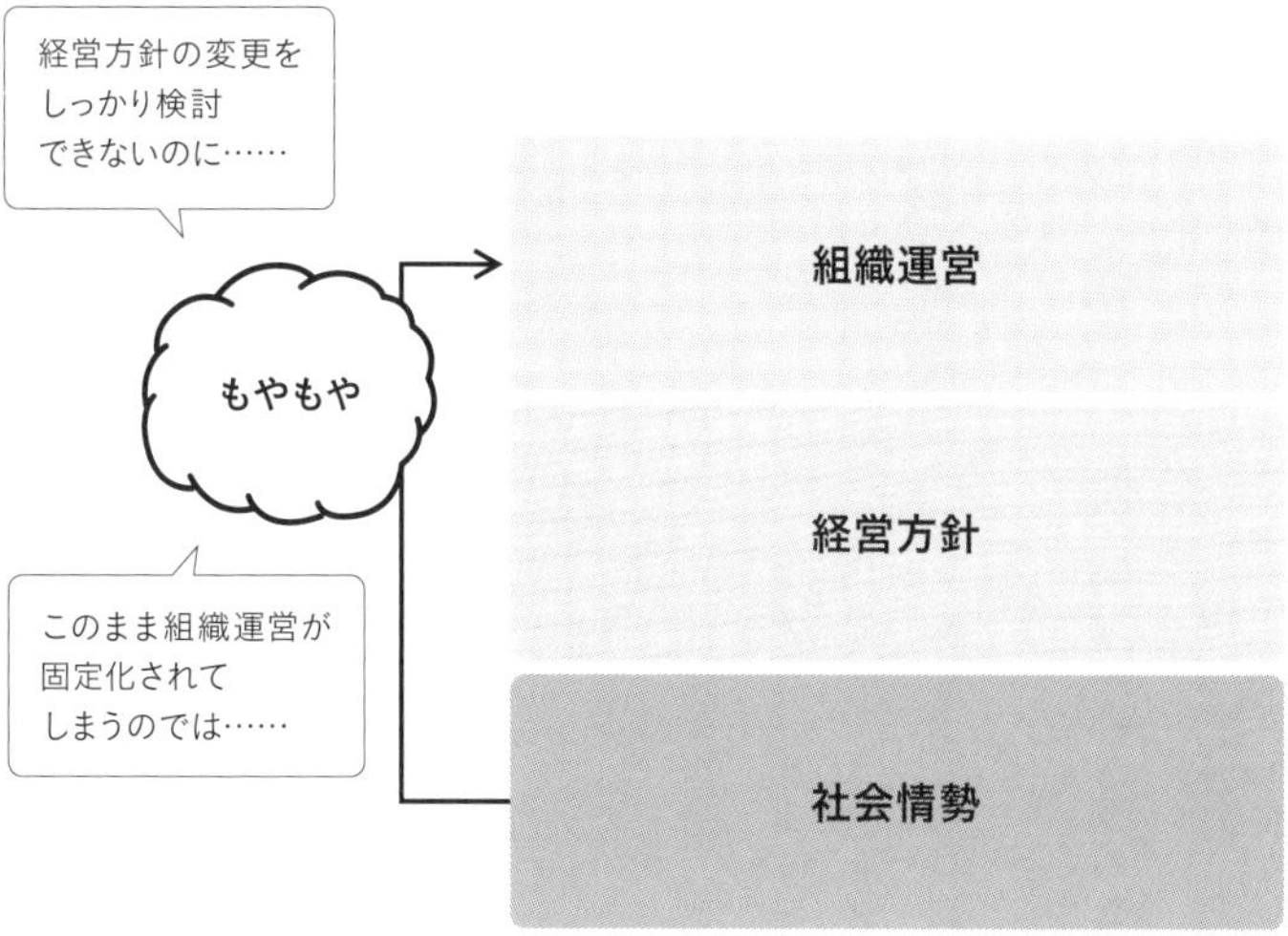
経営方針の変更を
しっかり検討
できないのに……
もやもや
このまま組織運営が
固定化されて
しまうのでは……
組織運営
経営方針
社会情勢

いた段階で、社会情勢を見極めた中長期的な経営方針を練り、その経営方針に基づいて今後の組織運営を再度決めていくこと、一度立ち止まることも大切ではないでしょうか。

1章のまとめ

モヤモヤ❶ なし崩し的な組織運営の変化と固定化との板挟み

今までの「当たり前」が変わり、「新しい考え」の浸透が進むパラダイムシフトがこれまでにないスピードで発生した可能性がある。従来のようにじっくりと経営方針を考える猶予なく、なし崩し的な組織運営の変更が求められたことで生じたモヤモヤ。

〔解決策〕

社会情勢の影響により生じた施策転換を、会社発展のチャンスと捉えて前向きに組織運営を変えるのもよし。反対に、あえて通常の組織運営体制を貫くという判断も一案。いずれにしても、変化の多い時代において、社会情勢などにより強制的に導入せざるを得なかった施策の有効性を短期的に見極めることは難しい。

「このまま施策を継続するのか？」といった施策の固定化についての疑問には、慎重な対応が必要。緊急的かつ臨時的な対応が落ち着いた段階で、社会情勢を見極め、経営方針を十分に練り、その施策が組織や価値提供にもたらす影響を精査したうえで、今後の組織運営を改めて考え直すというプロセスが求められる。

第2章

モヤモヤ2

社員と会社の価値観のちがい、どううめる？

モヤモヤケース②

「なんでわかってくれないの?」が会社中に浸透

IT企業B社

新卒・女性人気が高い"働き方先進企業"タイプ

B社は巷ではイケている会社と呼ばれるに相応しい今どきなIT企業。女性活躍のための施策も積極的に取り入れており、現場の声が施策に反映されるスピード感は他社が参考にするレベル。

そんなB社でも近年話題に上がるのが、働き方の多様性をどこまで柔軟に認めるかという話。業界では、働き方の多様性におけるパイオニア的存在となる企業がおり、他社事例を参考に自社にも何か取り入れられないかと検討し続けていた。

育児によって働く時間が限られている社員、地元で働きたい社員、他の仕事と両立しな

がら働きたい社員など、様々な事情や労働価値があることも理解しつつも、自社のあるべき姿と社員が求める施策に時々ギャップを感じていた。変化することへの不安や抵抗感というよりは、変化することで失うものの大きさが気になっていた。

そんなＢ社は２０１１年の東日本大震災の際にもスピード感をもって対応をしており、前例があったことで、新型コロナウイルス感染流行時も３月末から素早く在宅勤務に完全に移行できた。会社に出てこないと難しい業務については、部門長承認許可制という形をとり、顧客企業や取引先に対してもフルリモートで対応する旨を周知し対応を行っていた。

緊急事態宣言の解除後も在宅勤務制度は継続し、社員も慣れてきている印象。これを好機に「今後も在宅勤務を主とした働き方でいいのでは」という意見も多数でてきている。

しかし会社側としては慎重に検討をしており、その動きに対して社員からは「え？ なんで悩むの？ 在宅でまったく問題ないのに……」といった声が上がってきている。家では仕事が捗らないという意見もあれば、集中できるという意見もあり、人事としては早めに会社方針を打ち出したいと考えている。

モヤモヤ❷の解説

「これからずっと在宅でよくない？」が生まれるわけ

あなたの企業でこんな声、発生していませんか？

◎「在宅勤務なら、通勤がない分時間を有効活用できている！」
◎「在宅勤務なら、家事や育児など余裕をもって時間が使える！」
◎「家族とのコミュニケーションが増えたので在宅は継続したい」
◎「集中してやりたい業務については、出社するよりも生産性が高い」
◎「突発的依頼が減り、業務管理がしやすくなった」
◎「日程の調整や会議室を押さえる手間が減り、効率が上がった」
◎「独り言を気にせず言えるので、アイデアが湧きやすい」
◎「苦手な上司や同僚に会わずに済むのでストレスが減る」

また、その逆に……

◎「運動不足になるので、オフィスに行きたい」

◎「設備面や、光熱費等のコスト面に限界があり生産性が落ちる」
◎「オンとオフの切り替えが難しく、息抜きができない」
◎「そもそも家に仕事を持ち込みたくない」
◎「家族がいるので、家で仕事に集中できないしオンライン会議も苦痛」
◎「業務の細かい指示・修正等までテキストやオンラインでやるのは大変」
◎「ちょっとした雑談が出来ないので、前よりコラボレーションが生まれづらい」
◎「気軽に相談できない、孤独を感じる」

ふたつ目のモヤモヤ、それは従業員が言う「できる」の感覚と、会社が考える「できる」のギャップです。多くの従業員は今、在宅勤務への本格移行に期待を寄せています。当然「在宅勤務は絶対に嫌」という方も中にはいます。これまでも在宅勤務をする会社は沢山ありました。ではなぜ急激に在宅勤務導入への期待が膨らんだのか？　素朴な疑問から考えていきます。もちろん新型コロナウイルス感染流行に伴う感染予防の観点から強制的に在宅勤務が促進されたという事実は深く関係していますが、私はそれだけが在宅勤務導入における期待感増大の要因であるとは考えません。

「うちの会社もやればできるはず」社員が抱く期待の背景を知る3つのキーワード

これを考える上でのキーワードは3つあります。ひとつ目は「労働価値」、ふたつ目は「マクロシフトとミクロシフト」、そして最後が「実現期待性」です。ひとつずつ紐解いていきましょう。

［労働価値］

労働価値とは、前著『「辞める人・ぶら下がる人・潰れる人」さて、どうする？』でも取り扱いましたが、簡単におさらいします。

労働価値とは、一言でいうと**「仕事に何を求めるか？」**です。

人はそれぞれ働く目的や働く環境に求めるものが異なります。「あなたは仕事に何を求めていますか？」「あなたが働く理由はなんですか？」こう聞かれたときに、「お金」と答える人もいれば、「誰かの役に立てること」と答える人もいるでしょう。この、**仕事をするうえで会社に求めるもの、働く理由、大切にしたいこと、これこそが労働価値**といわれる

ものです。ちなみに本書では「労働価値」と呼びますが、「労働価値観」と表現している研究もあります。

労働価値は、その人の性格、価値観、キャリア、生活環境によって異なります。労働価値にはどんなものがあるでしょうか。有名な例としては、米国の心理学者でキャリア研究社でもあるドナルド・E・スーパーの『14の労働価値』（仕事の重要性研究、Work Importance Study）があります。能力活用、達成、美的追求、愛他性、自律性、創造性、経済的報酬、ライフスタイル、身体的活動、社会的評価、冒険性、社会的交流性、多様性、環境とあり、これらの中でも特に愛他性（人や社会の役に立てること）は今も働く人の労働価値としてスタンダードな価値のひとつです。スーパーが提唱した『14の労働価値』はあくまで一例であり、現代の人々にとっては違和感をもつ要素もあるかもしれません。

時代による労働価値の変化に限らず、そもそも労働価値はどのような影響により変化するのでしょうか。労働価値の変化を考えるときにキーとなるもの、それがマクロシフトとミクロシフトという概念です。

［マクロシフトとミクロシフト］

マクロシフトとは、「社会情勢の変化」が多くの人の「働く目的」を変えていくことです。労働人口の減少、産業シフト、外国人労働者の増加、働き方改革、ＡＩやＲＰＡといった技術革新、バブル、就職氷河期、リーマンショック、新型コロナウイルス感染流行など、時代におけるありとあらゆる社会情勢の変化は労働価値に影響を及ぼします。

もうひとつの変化のタイプがミクロシフトです。ミクロシフトは個人の局所的要因による労働価値の変化を指します。分かり易い例としては、産休・育休からの復帰があります。産休や育休に入る前は、「プライベートよりも仕事優先」「成長第一」と考えていた人でも、いざ子どもができて家族との時間を過ごすことで「労働時間を調整しやすい職場環境で働きたい」とワークライフバランスを重要視することもあります。出産、育児、介護、キャリアの転換など、個人がその時に置かれている環境によって、大切にしたいものや仕事に求めるものは自然と変わっていきます。このような、個人の局所的要因で変化する労働価値の変化を労働価値のミクロシフトと言います。

ここ数年、社会では明らかに労働価値のマクロシフトが発生しています。「時代によって働き方への考え方は変わる」という声がそれを象徴しています。しかし、マクロシフトといっても、シフトするスピードの違いで労働価値への影響も異なります。緩やかなマクロシフト、急激なマクロシフトの2種類について説明します。

この数十年で起こっていたのは、連続性のある変化によってもたらされた緩やかなマクロシフトでした。例えば、次のような流れです。

◎技術革新や新しい考え方が徐々に出始める
◎それに伴い時代の変化を感じる「勘のいい会社」が動き出す
◎先進的な会社に追随する会社が出てくる（ここまでは労働価値への影響はそれほど大きくありません）
◎「変わること」が社会や業界全体で求められるようになる
◎取り残されないように多くの会社が求められる変化に対応をしようとする（ここまでくれば目に見える形で影響を実感しているでしょう）
◎そして最終的に、社会や業界で働く人たちにとっての「当たり前」が変化し、社員はその「当たり前」を求めるようになる

マクロシフトの発生（通常）

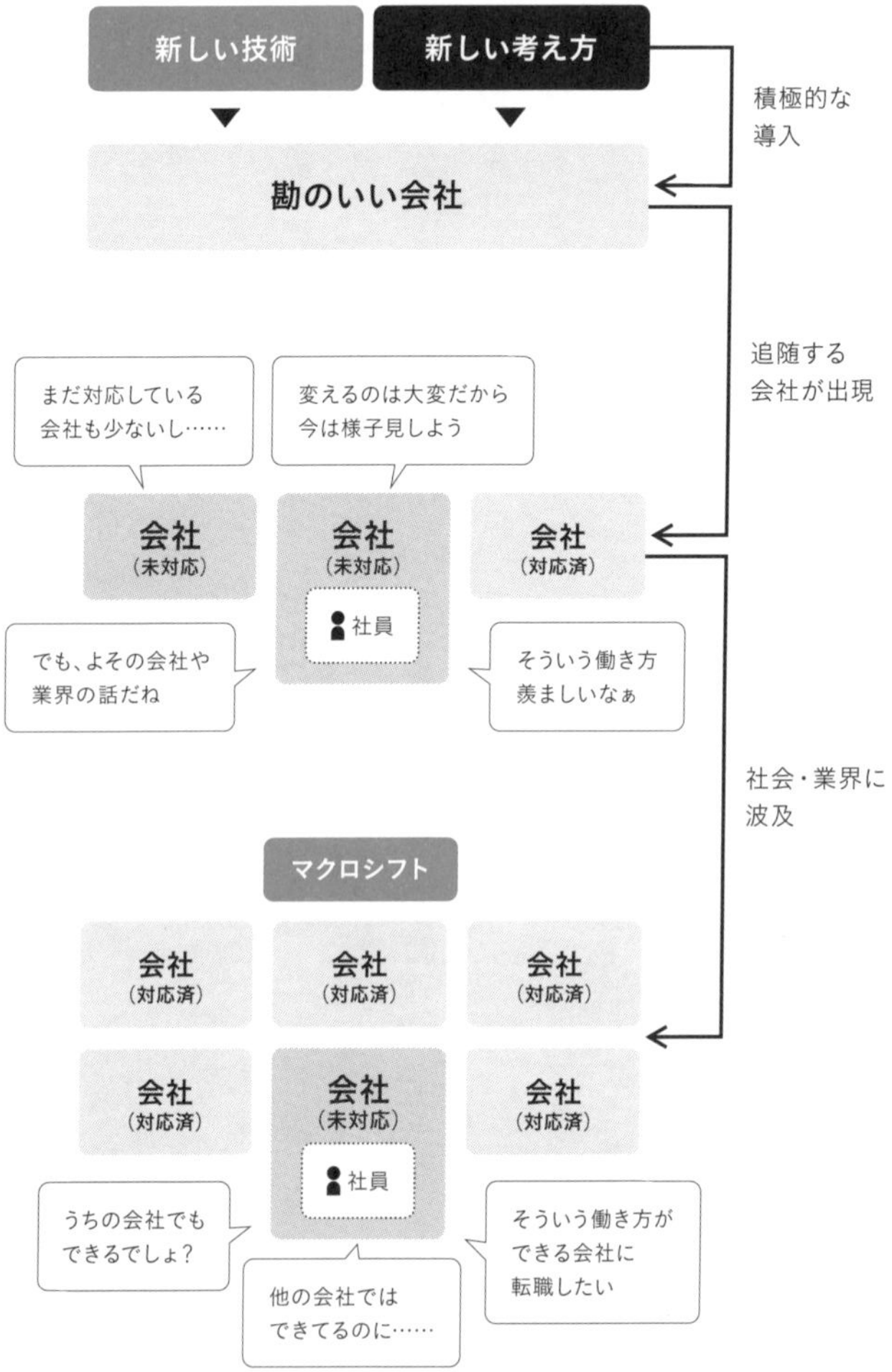

これが、これまでの労働価値に対する、時間経過が緩やかなマクロシフトです。在宅勤務制度も、これまでは一部の業界の話でしかなく、「ＩＴ企業だからこそ導入しやすいんだよね」といった形で自社には関係のない話と思われていました。

時間経過が緩やかなこれまでのマクロシフトと比べ、新型コロナウイルスの流行によって発生したのが、急激なマクロシフトです。「勘のいい会社」が始めに動き出すという猶予もなく、社会情勢の変化によって、一斉に対応を強いられました。

その結果、働き方に対する考え方や価値観が急激に変化する「パラダイムシフト」が発生。一部の業界を除いた社会全体において、働く人たちにとっての「当たり前」が変化し、労働価値にもマクロシフトが発生した可能性があります。特に今後考えられる事象としては、「働きがい」うんぬんというよりも、「安全に」「快適に」仕事がしたいという要望が挙がってくるということです。

ただ、社会全体で働く人の価値観が変わったとしても、すべての業界の従業員の労働価値が変化したと捉える必要はありません。それに大きく関係している要素が「実現期待性」です。

マクロシフトの発生（パラダイムシフト時）

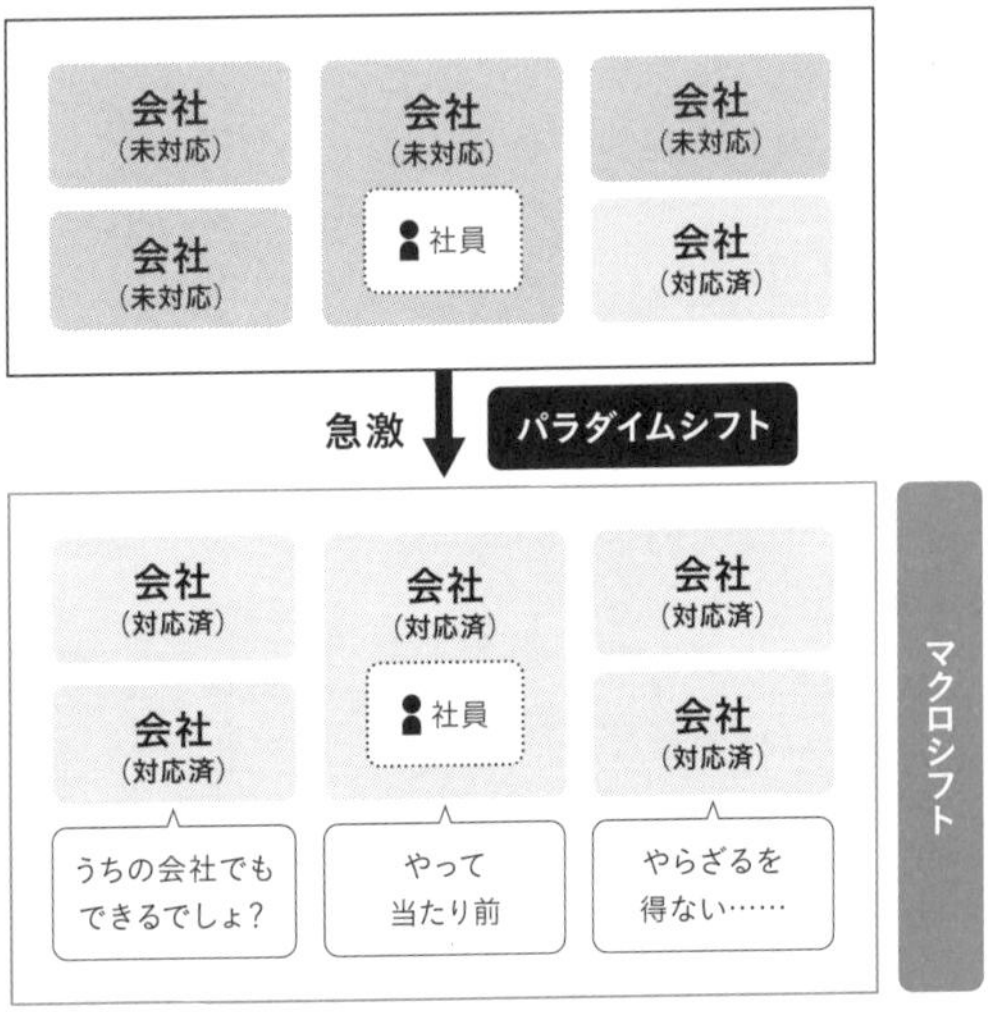

［実現期待性］

前述のように、社会全体の価値観が変わったとしても、人々がそれを「実現可能である」と感じなければ、労働価値は変わりません。たとえば、在宅勤務。これまでは、在宅勤務の存在や実現性は理解しつつも、「よそ様」の話にすぎないと考え「うちの会社では無理」と無意識に諦めるのが当たり前となっていました。

オンライン会議システムなど技術的なハードルだけでなく、毎朝同じ時間に通勤電車に乗ってオフィスに出社するのが社会の「当たり前」という概念が強く、「在宅勤務なんて難しい」と考える人が多かったため、部分的に許可していた会社は

社会全体での労働価値変化の流れ

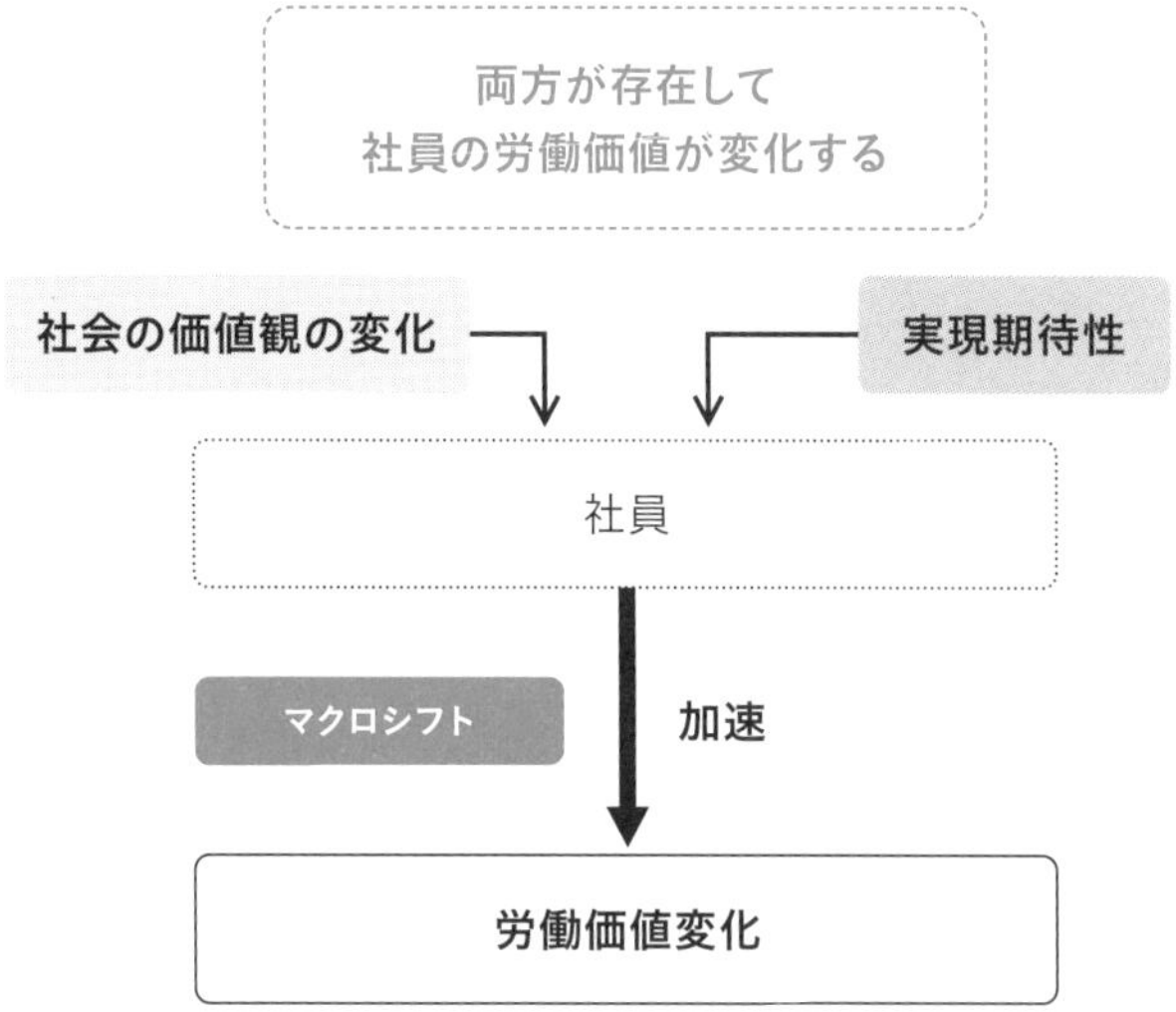

あっても、全面的に推奨または遂行している会社は少なかったのです。そのため在宅勤務の存在を知り理屈ではできると考えていた人がいたとしても、働く人の労働価値の変化には繋がりづらかったというのがこれまでの流れでした。

それが新型コロナウイルス感染流行をきっかけに、在宅勤務が半強制的に導入されたことによって、「思っていたよりも業務に支障がない」という実感を持ちます。さらに、感染リスクや通勤電車による負担を考えると、在宅勤務が可能な業務であればあるほど社員は在宅勤務で「安全に」「快適に」仕事をしたいという要望を持つようになります。

コロナにおけるリモートワークは二つそろった

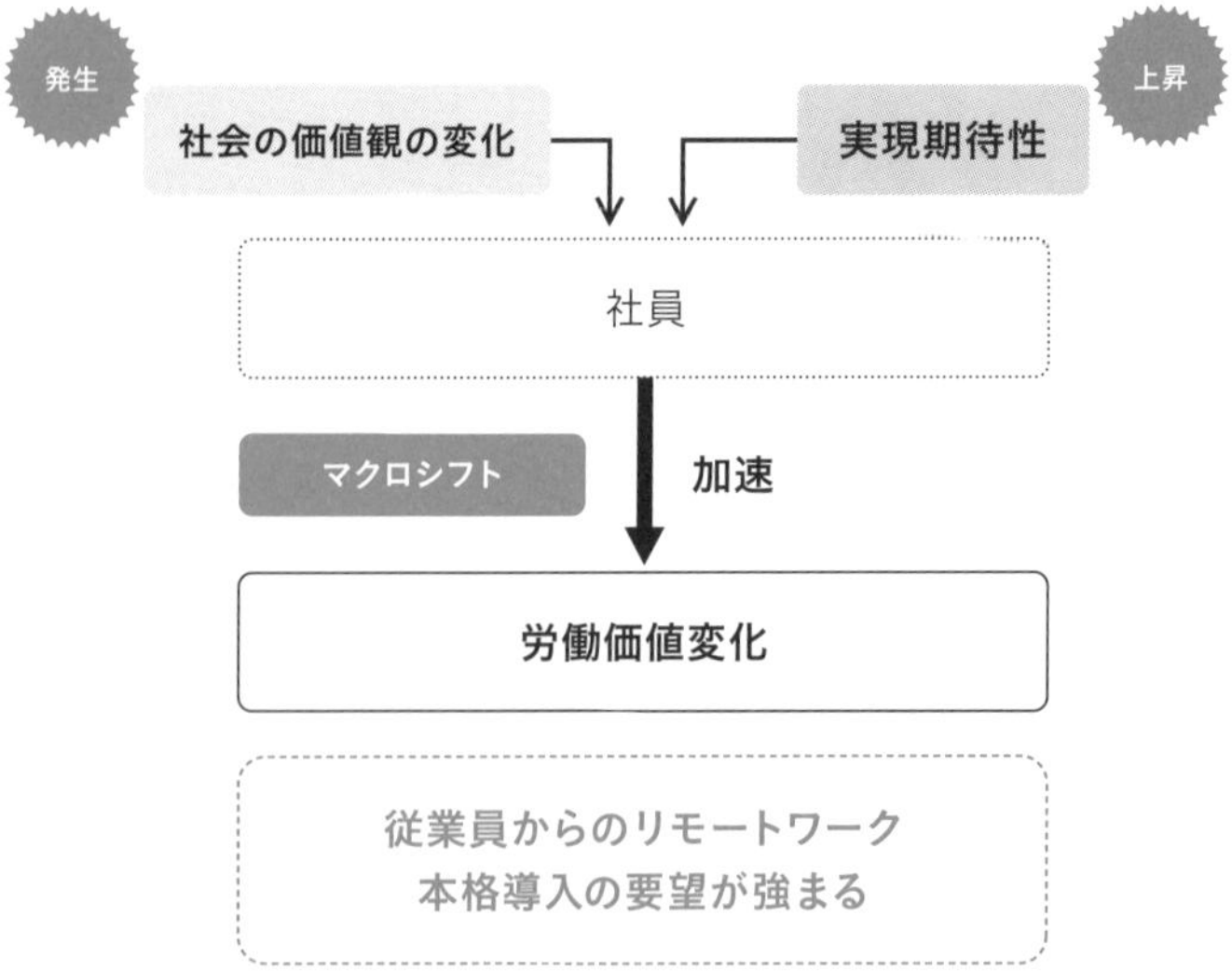

実際に在宅勤務を経験したことで、可能な限り在宅勤務でやりたいという思いが膨らみ、それが「働き方」を考えるきっかけとなり労働価値の変化にも影響をもたらします。

その一方で、そもそも在宅勤務が成り立たない業務があります。例えば店舗における接客、医療・介護・保育・学校現場における対応、運送、製造等、直接人と接することが求められる職種や物理的な事情により指定場所で業務が求められる職種では、在宅勤務という選択肢が発生しないことから、労働価値の変化も発生しづらいのです。

つまり、自分の業務で実現できる施策

であれば実現に向けた期待感は高まりますが、自分の業務と新しい施策の親和性が低い場合には、「在宅勤務」「フリーアドレス」「副業」などの施策はよそ様の話であり、「うちの会社では無理」と無関心になるのです。

この、**実際にやったことで抱く「できる」という感情が「実現期待性」**です。

現実に、在宅勤務への抵抗感が減ったことで、オフィス出勤が当たり前という「価値観」にも変化が生じています。このふたつが重なったことで、社員が働く環境に求める労働価値にも影響が及びます。

ここで問題なのは、「在宅勤務でも問題なく業務ができた」「業務に支障がない」という従業員の感覚と、経営者・人事担当者・管理職が抱く感覚にズレが生じていることです。では、そのズレはなぜ発生するのでしょうか。その原因を探っていきましょう。

モヤモヤ❷の論点

立場の違いは視点の違い「実現期待性」と「実現可能性」

「業務に支障がない」の違い

産業医として経営者・人事担当者・管理職・一般社員とお話しする中で気付かされたことは、社員が在宅勤務の導入についてもつ意見や感覚は、管理職を含めた会社側と異なっているということです。例えば、社員側の意見を聞いてみると、「質を落とさずに十分な業務ができた」「通勤ストレスがない分、このまま在宅勤務の方がいい」「業務が捗る」といった声が多くありました。その一方で、会社側の意見としては、「業務の質が落ちて、コラボレーションも生まれづらくなっている」「現状維持で満足する社員が増えている気がする」「働きがいをもって働く社員が減った気がする」「在宅勤務になってから協力体制が減り、生産性が低下した気がする」といった声が多くありました。なぜ社員側と、管理職や会社側で意見に違いがでるのか、そのヒントとなるのが、「実現期待性」と「実現可能性」です。

「業務に支障が無い」と感じる社員

リモートでも問題なく
仕事できる
業務が捗り、
生産性が高まる
時間を
有効活用できる

「業務への支障がある」と感じる人事・経営者

業務の質が
落ちた
現状維持で
満足する社員が
増えた
働きがいが
大幅に
低下した
協力体制が減り
生産性が下がった

「実現期待性」は社員にとっての「業務が成り立つ」

社員が感じる「できる」という感情を示す〝**実現期待性**〟は、技術的側面、精神的側面の2点から成り立ちます。

◎技術的側面

技術的側面は、ワークフローやテクノロジー、つまり技術的にこれまで通り業務が成り立つと思えることです。分かりやすい話としては、これまで足を運び対面で行っていた営業活動や、年に数回も新幹線に乗ってわざわざ出向いていた全社会議などです。これらはオンライン会議ツールを活用することで、その場に行かずとも業務が成り立つ典型例です。会社側からすれば否定的な意見はあるかと思いますが、社員としては「できる」と思えるのです。会議の度に行っていた会議室予約という業務や、他部署との取り合い、それらもオンライン会議ツールがあれば争うことなく会議設定ができるようになりました。会議室ありきでスケジュール調整していた煩わしさから解放されたと思っているでしょう。

社員が持つ『実現期待性』

◎精神的側面

精神的側面は、他社事例や自社実績を通じて、組織運営が変わってもこれまで通りの業務が成り立つと思えることです。分かりやすい例としては、他社事例を見て、「うちの会社や自分の業務も在宅でできないはずはない」という精神的な自信・確信を持つことです。店舗、病院や介護・保育現場、運送や製造、警察・消防といった、対面接客や指定場所での業務が必須となる一部職種を除けば、在宅勤務ができない理由を探す方が難しいでしょう。技術的なハードルを除去すれば理屈では在宅勤務は実現可能であるからこそ、社員は精神的には「在宅勤務はできる」と思っているのが現状です。

「実現可能性」は会社にとっての「業務が成り立つ」

一方、会社が感じる「できる」という感情を示す〝**実現可能性**〟は技術的側面、精神的側面に加え、さらに発展側面、組織側面が加わります。

◎発展側面

発展側面では、「組織運営を変えたとしてもこれまで通り業務は成り立ち、かつ価値提供も変わらず、自社成長にも繋がる」と思えること、という要素が加わってきます。発展側面で分かりやすい例として当社のお話をさせていただきます。

当社では、3月中旬より時間短縮業務に切り替え、さらに4月頭からは基本的には在宅勤務としました。技術的側面や精神的側面のみ考慮すれば、確かに当社の場合も「在宅勤務可能」な状況でした。しかし、4月2週目が過ぎたころから一部の業務が滞り、その結果、オフィスに出勤している管理職や担当外のメンバーが、臨時的な対応をするという形に。そして、オンライン上での定例的ミーティングは行っていたものの、それ以外の雑談やちょっとした質問をする機会、気軽なミーティングが減ったことで、コラボレーションが生まれづらい感覚が出始めました。一人ひとりの業務は確かに「回っていた」と判断できますが、その代わりに「新しい価値を作る」「雑談の中からふと出てきたアイデアが形になる」という当社が強みとしている部分に落ち込みが感じられました。

また当社は嘱託産業医サービスを提供しています。人事担当者専用窓口という形で人事担当者からの従業員ケアに関する相談対応を行っています。時にはスピードが求められる事案もあり、難しい事案は常にオフィスのメンバーが意見を出し合って解決支援を行っています。そのため、業務が切り分けられてしまう在宅勤務は、普段コミュニケーションをとりながら顧客への価値提供を行っている当社にとってはメリットよりもデメリットが目立つ施策でした。

◎組織側面

そして組織側面というのは、組織運営の変更が組織活性や生産性にも反映されていくと思えることです。つまり、その施策が組織活性や生産性にどのような影響を与える可能性があるかを会社は考えます。先程の当社事例に当てはめて考えると、発展面では、顧客への提供やコラボレーションをするうえではデメリットが多いという結論でした。組織側面

会社が考慮する『実現可能性』

においては、組織活性における、心身コンディション（社員の心身健康状態）、働きやすさ（業務バランス・サポート等）はある程度担保されていました。しかし、オンラインでのコミュニケーションという慣れない形でマネジメントをする管理職にとっては、その時間の確保やテキスト形式での業務指示・管理という煩雑さに対して、ストレスを感じていました。

　また生産性については、在宅勤務によって当社の場合は「向上した」社員もいれば「低下した」社員もいたというのが現実でした。その社員の環境面（執務できる個室の有無、椅子や机・ネットといった設備の有無、同居家族の有無）によって生産性への影響は大きく異なるという当然の結論でした。自宅はくつろぐ場所という認識が「当たり前」である時代、そういった場で勤務せざるを得ない状況では、生産性は低下しても仕方ないと一時的には考えます。しかし今後も在宅勤務を継続するかどうかを検討する際には、技術的、精神的には在宅勤務は「できる」ものであったとしても、「発展側面」「組織側面」を考慮したときに、現時点で会社として在宅勤務を固定化することはできないというのが当社の結論です。

このように、社員と会社は見ている側面が異なります。社員は自分の責任、つまりジョブやタスクを全うすることが、望まれる行動です。社員が見ている時間軸は数日単位、長くても数か月単位です。社員の関心は自分の業務、つまり「個人的」観点にしかなく、組織運営が変わった際には、技術的・精神的に成り立つのかという点に対し関心を持ちます。

一方で会社は、社員を動かし会社の存続と発展のために行動します。会社側の人間が見ている時間軸は、管理職や人事担当者は半年～1年単位、経営層は年単位です。会社側は、会社や組織全体の生産性や価値提供、顧客や競合、社会や業界といった広いステークホルダーに関心を持ちます。経営者、人事担当者の多くが、「見ている側面が異なる」というシンプルな話にモヤモヤとしていたのではないでしょうか。

実現期待性と実現可能性を表にまとめました。あなたの会社ではどんな視点の違いがありましたか？　次ページのワークシートに書き出してみましょう。

在宅勤務における視点の違い				当社エリクシアの場合	あなたの会社では どんなことが思い当たる?
実現期待性	社員の視点	会社の視点	技術的	・オンライン対応可能な業務 →営業対応やメール対応、資料作成、顧客との打合せすべてオンライン化が可能	
				・オンライン対応不可な業務 →請求書・契約書等一部業務 →産業医業務は法令に基づき職場に伺うこと・直接捺印が必須。	
			精神的	・4月に在宅勤務を導入し、問題なく実施ができたため精神的ハードルは低下。定例のチームmtgもオンラインで行いコミュニケーションも問題なし。	
実現可能性			発展	・早急にオンライン化しづらい一部業務をオフィスメンバーが行うことで、本来やるべき仕事が進まず生産性低下が見られる。 ・雑談が減りコラボレーションが生まれづらくなる。 ・アイデアの交換が減る。	
			組織	・業務管理に関して管理職に負荷が掛かり始める。オンラインにより指示・管理をいつも以上に細かく行うことで働きづらさが上昇。細かいニュアンスが伝わらないというストレスで心身コンディションも低下。業務単体では生産性は担保できても、組織全体の生産性は低下が見えた。	

モヤモヤ❷の正体

「できている」のレベルが大きく異なるから、意見も食い違う

視点の違いが、意見の違いを生む

立ち位置の違いがあるからこそ、視点の違いがあります。当たり前の話ですが、「なぜ社員は分かってくれないんだ？」と悩む人は意外と多くいます。そんな疑問の根底には、**そもそも視点が違う、見ている時間軸が異なる**、といったシンプルな背景が存在しています。それが、在宅勤務をはじめ、様々な施策を行う上で意見の違いとなって必ず表れてきます。

逆に、管理職にとって見ると、会社側、社員側両者の言い分が分かるだけあって説明に苦労しているようにも思えます。「会社も考えているんだから察して」という一方的な姿勢は、管理職だけでなく社員のココロも引き離しかねません。社員の思いやりに甘えずに、説明すべきところは明確にして、会社の方針を伝えることが求められているのかもしれません。

社員とのコミュニケーションから逃げない

組織には、そこで働く社員のココロと、会社のココロが関係しています。個別の声に耳を傾けてすべての社員の要求を満たすのは不可能です。しかしながら、会社として社会や顧客に価値を提供するうえで、社員という人的リソースを適正に稼働させることは事業保全における基本事項です。そのため双方の視点の違いを知り、ココロに関心を持つことが、不要なトラブルを避け、組織運営を上手く動かすための予防の基本であると考えます。

社員側の視点は管理職含め会社側の視点と異なるという大前提を意識したうえで、現状認識および今後の施策について、その選択を行った理由を、社員と会社それぞれの視点を上手く活用して発信する必要があります。社員の反発を食らうのではないかと、発信の際に躊躇することもあるでしょう。「判断の理由付けが難しい」「どう伝えたらいいか分からない」「会社の考えが社員に伝わるだろうか」こういった気持ちが生じるのは当然です。4章以降では、フレームワークを用いて施策が組織に与える影響を分析・整理します。判断に自信をもって社員とコミュニケーションするためにぜひ活用いただけると幸いです。

コラム

理不尽経験の減少が組織の「人の問題」にも影響している

経営者・人事担当者・管理職・チームリーダーは様々な「人の問題」に日々頭を悩ませています。新型コロナウイルス感染流行に関係なく、「人の問題」は日常的に存在します。コロナという社会情勢の急激な変化により生じた、働き方への価値観の変化は、組織における「人の問題」にも、今後少なからず影響を及ぼしていくと考えられます。組織は「人」の動力があって動くものである以上、「ありたい企業像・組織像」実現のために、どのように「人の問題」を考えていけばよいのでしょうか。考える上でのヒントとなる話をコラムとしてご紹介します。

産業医やコンサルタントとして会社にお伺いすると、「メンタル不調者は増加傾向ですか？」と聞かれることがよくあります。

私は「全体のメンタル不調者発生率はあまり変わらないが、過重労働などによる不調発生は減っている。一方で、ストレス耐性の低さによるメンタル不調者が増えている」という印象を持っています。ストレス耐性の低下傾向が見られる要因として「教育現場における理不尽経験の減少」があると考えています。

あなたの組織でも実際にこんな課題に直面していませんか？

◎入社後早ければ2、3週間〜数か月で産業医面談が必要になる社員がいる
◎「この会社（仕事）は合わない」と感じ、さっさと辞めていく社員がいる
◎慎重な取り扱いを必要とする部下の扱いでマネジャーが参っている

今回はこれらの課題に照らし合わせて、
◎入社後すぐのメンタルダウンや離職はなぜ起きるのか？
◎理不尽経験の減少が、扱いが難しい社員を生む
の2点についてお話しします。

入社後すぐのメンタルダウンや離職はなぜ起きるのか？

産業医としての活動で、多くの従業員と面談していますが、やはりメンタル不調者の発生頻度としては、新入社員が圧倒的に多い印象があります。新入社員がメンタルダウンを起こす原因は様々です。

◎仕事が忙しく、長間残業や休日出勤が発生した
◎相性の悪い上司や同僚のいるチームに配属された

◎癖の強い顧客から、何度も嫌なことを言われた
◎彼氏（彼女）と別れた
◎家族が要介護となり、家での介護をする事になった
◎趣味や夜遊びで生活リズムが乱れ、睡眠不足が続いた
◎入社前に思っていた仕事環境と、実際の姿が全然違うと感じた
◎他の会社で働く同年代が急速にキャリアを積み、差が付けられたと感じた
◎自分が大切にしている事が、今の会社では達成できないと気が付いた

新入社員に限らず、中堅社員であっても前述のような事象があればメンタルダウンを起こす可能性はあります。では、なぜとりわけ新入社員はメンタルダウンを起こしやすいのでしょうか。そのヒントは「変化の重なり」にあります。

変化（＝ストレス）の重なりが多いのが新入社員

新入社員は、学生から社会人になるということがまず「大きな変化」となります。そこに、人によっては地元を離れて慣れない土地で一人暮らしをしたり、慣れないスーツを着て毎朝通勤電車に揺られて出社したり、仕事では覚えることや勉強することが沢山あったりと、いくつもの変化が重なります。そういった、学生時代とは全く異なる生活の変化を含め、良いこと、悪いこと、すべての変化がストレスとなります。

そしてなにより、入社後に気が付く「理想と現実の違い」も大きなストレスとなります。

就職活動の時には見えなかった現実を知り、「こんなはずではなかった」と、自分が思い描いていた働く姿と現実とのギャップに向き合うことになります。

とくに2020年卒新入社員に限って言えば、新型コロナウイルス感染流行に伴い、入社式だけでなく新入社員研修もすべてオンラインになった企業が大半でした。本来想定していた社会人生活のスタートが異なる形で始まったという「変化」は、大きなストレスとなりえます。

理想と現実のズレに耐えきれない

誰しも、「こんなはずじゃなかった」と感じることはあります。しかし、そこにあまりにも大きな違いやギャップが生じると、入社前に想定していた夢や働く目的、実際に社会人として日々を過ごす中で感じた大切にしたいことなどがズレていき、労働価値にミクロシフトが生じます。

つまり、自分が描いていた「働く姿」と現実のギャップにより、働きがいは低下し、「仕事が面白くない」「何のために働いているんだろう」「もっと自分に合う仕事があるはず」といった形で不満・不公平感などのマイナス感情が蓄積します。業務負荷や周囲の人間関係などについても不満がある場合は、働きやすさも低下してきます。その結果、個人活性が低下して離職する人もいれば、働きがいや働きやすさが損なわれることで心身コンディションにも影響し、メンタルダウンに至る人もいるというわけです。

その一方で、職場環境に全く問題がないのにメンタルダウンになる方も当然います。その背景を知るためのキーワードは「ストレス耐性」です。

理不尽経験の減少が、扱いづらい社員を生む

ストレス耐性とは、人がストレスにどれくらい耐えられるのか、その抵抗力を示す言葉です。ストレス耐性が低い人はストレスを感じやすい、もしくは感じた時に心身状態への影響が出やすい傾向があります。産業医として面談している中で、数年前と比べストレス耐性が顕著に低い社員が増えていると感じています。

これは、「この会社（仕事）は合わない」と感じ、さっさと辞めていく社員が問題になっているように、社員が仕事や会社に対して「合わない」と感知するスピードが速くなっている、理不尽に対する許容がなくなってきていると感じられます。

その原因にあるのが、「理不尽経験の少なさ」であると私は考えます。

いじめや体罰問題への対策として、教育機関、特に学校といった教育の現場から理不尽を排除しようという動きが加速しました。その結果、教育現場で理不尽に触れることがほとんどなく育てられた学生が、社会に出た瞬間から社会人として多くの理不尽を味わうことにより、離職やメンタルダウンといった結果に至るケースが多々見られます。

このところ、幼少期〜学生時代で理不尽な経験をほとんどしたことがない人が増えています。今から20〜30年前までは、親や先生から、何が原因かわからないのに激しく叱責されたり、後輩であるということだけが理由で、何も意見ができない、などの環境が当たり前のようにありました。

ところが、いじめや体罰などが社会的問題として取り上げられ、教育現場でのそういった理不尽は排除する時代の流れになり、学生時代に体験する理不尽が大幅に減りました。

理不尽経験があれば、その理不尽さの向こうにあるものと自分の目標との関係を考えることができます。これは、理不尽な指導を肯定しているわけではありません。しかし、現実問題として、ビジネスの世界には理不尽なことがつきものです。経験なしで社会人になった時、すぐに活躍できるかと思ったら、試しにやらせてもらうことすらかなわず、「いまは新人だから、基礎的な業務をまずは覚えましょう」と言われることは多々あります。自分のやりたいことができないままに我慢することに耐えることができず、不満や不公平感といったマイナス感情が生まれやすくなってしまうのです。

例えば、こんなケースです。

失敗を受容できないココロが他責性・攻撃性となって表れる

新入社員Aは商社に入社して1年目の新人。Aは入社初日から積極的に仕事に取り組み、周囲のメンバーからも評判は上々。ところが3か月が経過したとき、Aは顧客対応でミスを起こし、上司から指導を受けた。

上司の指導は適切で、なぜその方法が間違っているのか、どうすべきだったのかを説明し、Aはすんなりと受け入れてくれると思っていた。ところが、指導するや否やAは「B先輩に聞いてその通りにしただけです！　私だけが指導されるのはおかしくないですか!?　やり方を統一していただけないと私も困ります。むしろB先輩はなんでその判断をしたのか聞いてみてください！」と反論。上司はその場はなだめつつも内心「人のせいにするのはいかがなものか」と感じた。

このケースのように、指導をしたら他責性・攻撃性全開でぶつかってくるという事案は産業医面談でよく見る事象です。「過剰防衛タイプ」と私は定義していますが、「学歴が良い＋成功体験が多い＋プライドが高い」方に多めです。そうした方は、失敗の受容が上手くできず、失敗を認めることができないため、何かを指摘されたらそれが他責性・攻撃性という形で表れてきてしまいます。

こういった人は、教育現場で理不尽な経験をしていないことで、凹んだ経験が少ないのです。だからこそ、社会人となって何かに躓くことがあると、防御本能として攻撃性が出てきてしまうのです。

体育会系はメンタルが強いと言われる理由

「体育会系はメンタルが強い」と言われ体育会系人材が人気なのは、他の学生と比べると、学生時代に理不尽な経験や挫折した経験をしっかり積んできている分、ストレス耐性が高いだろうと想定されるためです。私の感覚でしかありませんが、チームで行うスポーツの経験者だけでなく、応援部や、華道、茶道など上下関係が色濃く残っている世界を経験している人材は、比較的ストレス耐性は高いように思われます。

しかし、理不尽経験をたくさん積ませてストレス耐性を上げようとして、入社直後に過酷な研修プログラムを組む会社もあるようです。そしてその多くが、ブラック企業と呼ばれるような会社が社員を半ば「洗脳」するために実施しているようです。しかし、むしろそんなことをすれば、ハラスメントトラブルや新入社員の早期離職、離脱に直結するだけでなく、社員の一生に影響するようなトラウマを残す可能性すらあります。絶対にやってはいけません。

安全な理不尽経験を与える

では、そんなストレス耐性が弱い方にはどのように対処すべきでしょうか。

ひとつは、社会人になる前に「安全な理不尽経験」を積ませることです。安全な環境で人間関係の理不尽さに触れておくことが、社会に出た時に柔軟性を保ったり、ストレス耐性を維持したりすることに繋がります。当然、いじめや体罰は良くありません。ただその一方で、社会のルールやマナー、その時代や分野で大切にされているパラダイム（物事の捉え方）を守ることは人生を生き抜くための鎧になります。なんでもかんでも自分の好きなようにできて、周囲が自分に合わせてくれることなんてまずありません。

「なにくそ」と思ったことでも、それが何かしら自分の経験や糧になると思うことや、あきらめる前にそこから得られるものはないか立ち止まって考える辛抱強さは、学校教育で身につけていくべき人生のスキルではないでしょうか。

キャリアデザインを描かせる

ふたつ目は、若いうちからキャリアについて考える機会を増やすことです。

先日某大学の授業に特別講師として参加させていただきました。多くの学生は自己分析などで「どんな仕事が自分に向いているのか？」を考える機会は豊富にあるようですが、一方で、そもそも「働く上で何を大切にしたいか？」「なんのために働くのか？」を考える機会は乏しく、もっと早くこの話を聞きたかったという感想をもらいました。

誰もがみんなキラキラとした派手な活躍をしたいと思っているわけではありません。目標をもってキャリアアップすることがすべて、というわけでもありません。自分が何を求めて労働をするのか、どうありたいのか、仕事を通じて何を得たいのかといった労働価値を整理し、思い描けるようなきっかけを増やすことが、社会に出る上で必要なマインドセットのひとつなのかもしれません。

これまでは、「良い大学に行って、良い会社へ」という、成功へのある意味決まったルートが敷かれた中で、キャリアを考えていけばよかった時代です。しかし、「日本型終身雇用は終わり」「ジョブ型、成果型へ移行」「多様な働き方へ」といった形で、自分でキャリア・働き方を選択しなければならない時代になりました。家族型経営、メンバーシップ型といった、人を育てて人に仕事を与えるという形から、今後はプラットフォーム型、選択型共同体という、多様なスキルを持った人が集まってひとつのプロジェクトを生み出す形に移行していくと考えられます。

その中で大切なのは、自分はどんなスキルを手に入れたいか考え、そのスキルを伸ばせる環境を選択できる力です。会社や組織のあり方、働き方が変わるのであれば、働き方に関する考え方も同時に教育していく必要があります。

そうでなければ、若者を地図も武器も持たせずに戦場に送り出すのと同じです。学生に限らず、社員に対しても同様で、キャリアデザインのサポートは今後の人事に求められるひとつの施策と考えます。

理不尽な経験の減少が組織における「人の問題」にも影響するという点についてお話ししました。とりわけ新入社員は学生から社会人になる「大きな変化」だけでなく、生活環境の変化、仕事環境の変化と、変化が重なりストレスになりやすいという点は注意が必要です。そこに加えて近年の教育現場における理不尽経験の減少に伴い、ストレス耐性の低い方が増えている。「最近の若手はちょっと指導しただけで……」という声が出てしまうのもそんな背景があるからです。

ストレス耐性は思春期を超えたら変わらないことから、そうした若手を会社が変えるというのは難しいミッションです。しかしながら、「変化の重なりによるストレスの影響が出ていないか？」「キャリアについて悩んでいないか？」といった想像できる課題に関心を持ち、寄り添うことは可能です。

産業医として関わっている顧客企業の中には、新入社員向けに入社3か月後に産業医面談を設定している企業もあります。自社で対応を完結できる部分と、産業医や保健師といった関係者と上手く連携を図る部分を把握して、対策を考える。それも会社としてできる一案になるのではないでしょうか。

2章のまとめ

モヤモヤ❷ 社員が言う「できる」と会社が考える「できる」のギャップ

立場の違いがあるからこそ、視点の違いが生まれる。組織運営を変化させても業務が成り立つと考えるうえで、そもそもの判断軸や時間軸が異なることで生じるモヤモヤ。

［解決策］

社員が感じる「できる」という感情を示す〝実現期待性〟は、技術的側面、精神的側面の2点から成り立つ。一方、会社が感じる「できる」という感情を示す〝実現可能性〟は技術的側面、精神的側面に加え、さらに発展側面、組織側面が加わる。さらに、社員側と会社側は捉える時間軸も異なる。そうした社員側の視点と、管理職含め会社側の視点は違うという大前提を意識すること。その上で、会社として今後の組織運営について、なぜその選択を行ったのかを、社員・会社それぞれの視点を上手く活用して発信することが必要。

双方の視点の違いを知り、ココロに関心を持つことが、不要なトラブルを避け、組織運営を上手く動かすための予防の基本である。それは同時に経営者・人事担当者・管理職のココロの健康を保つことにもなる。

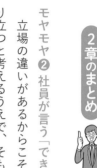

第3章

モヤモヤ③

社員の気持ちにどこまでこたえる？

モヤモヤケース③

社員にはいきいき働いてほしいが、経営者は事業も守らないといけない

不動産会社　C社

〝流行りの施策に積極的〟なタイプ

C社は「不動産会社＝キツそう」という印象を払拭すべく、数年前から健康経営に取り組んでいる。健康診断時にはオプションでドックを付け、健康器具の配置、健康イベントの開催、フリードリンクや朝ごはんの提供など、健康経営に沿った施策を導入。不動産業のため土日休みとはいかないものの、週休二日制は守られており、さらに有給取得の促進、長時間労働の改善など働きやすさを向上するための施策を推進。採用にも成果が見え

始めていた。

そんなC社も新型コロナウイルス感染流行に伴い、3月末からは在宅勤務を取り入れるなど、一般的な施策導入を行った。6月も半ば過ぎ、だんだんと日常が取り戻されるにしたがってC社も通常のオフィス出勤に戻していった。C社では、不動産業という点から対面営業が基本であるということに社員は納得しており、今後も在宅勤務が良いという社員の要望はそれほど出てこなかった。

皆以前のように働いていたが経営陣としては、今回の新型コロナウイルス感染流行という災害をきっかけに「社員の健康」と「事業保全」という両面をいかにバランスよく考えていけるか、今後のために引き続き模索していこうという結論に至った。

C社では自社保有不動産を活用した飲食業も展開していることから、今回は経営ダメージが大きくその中でも社員の雇用・健康と守るべきものが多く非常に苦しい時期であった。社員のためにと健康経営はじめ様々な施策は行ってきているが、どこまで会社は社員へ配慮しなければいけないのか、そんな疑問を抱えている。

モヤモヤ❸の解説

社員への配慮は大切、だが……

健康、働き方への配慮が必要なふたつの理由

3つめのモヤモヤ、産業医として経営者や人事担当者とお話しする中で非常に良く伺う疑問です。会社が社員の健康や働き方への配慮をしなければならない理由は大きく分けてふたつあります。ひとつは安全配慮義務があるから。単純に、法律で決まっているからということです。安全配慮義務については、既知の通り労働契約法の第5条、労働者の安全への配慮が該当します。以下が条文です。

「使用者は、労働契約に伴い、労働者がその生命、身体等の安全を確保しつつ労働することができるよう、必要な配慮をするものとする」

法律の解釈については専門家ではないので軽く留めますが、すべての事業者に対して規律を求め罰則規定を伴っている労働基準法と異なり、労働契約法は事業者と労働者間にお

ける自主的な決定を促進するための民事ルールを定める法律です。当然、安全配慮義務を怠った場合には法的責任や損害賠償責任を負うことになります。労働契約における民事的なルールを明らかにすることで、労働者及び使用者にとって予測可能性が高まるとともに、双方が法によって示されたルールに沿った合理的な行動をとることが促されます。このように、個別労働関係紛争の防止や、労働関係の安定につながることが期待され制定されたものです。

労働契約法における安全配慮義務で押さえておくべきは、「生命、身体等の安全」には心身の健康が含まれるという点です。新型コロナウイルス感染流行においても、安全配慮義務が話題になりました。罹患する危険性を予測しておきながら、就業環境において何も対処をしなかった（例えば、換気をしない、3密を避けない、マスクを着けさせない、顧客との間に仕切りを置かない）と判断された場合には、会社には安全配慮義務違反という判定が下る可能性があります。同様に、台風や震災発生時の対応、長時間労働やハラスメント発生時の対応についても、労働者がその生命、身体等の安全を確保できない危険が十分予測できたにも関わらず何も対応をしなかったとみなされる場合には、会社には責任が課せられるリスクがあります。産業医として衛生管理体制の整備支援をしていますが、安全配慮義務における「予測可能性」はよく質問を受ける事案です。事前に整えた整備フローに沿って対応していくことや、会社として対応したエビデンスを残すことの目的としては、関連法案に付随する罰則規定を受けるリスクの回避のみならず、この労働契約法における第5条安全配慮義務のルールがあるからとお話ししています。

健康や働き方への配慮が必要なふたつ目の理由、それは生産性を上げるための根源となるからです。これはウェルビーイング経営の考え方に近い話です。社員の幸せと組織パフォーマンスの関連は近年大きく取り上げられており、中でもユタ大学のテニー氏らによる2016年の論文は、社員の「主観的ウェルビーイング（心身の健康と幸せ）」が組織に好影響をもたらすことを明らかにしました。ウェルビーイング（well-being）とは、身体的、精神的、社会的に良好な状態にあることを意味しており「幸福」と翻訳されることもあります。社員が健康で幸福だと感じることが、健康増進はもちろんのこと、欠勤の減少、自制心の上昇、モチベーションの上昇、創造性の増加、良い人間関係、離職の減少など好影響をもたらし、それらの結果として、組織・個人の良いパフォーマンスにつながるのだろうと、論文の中では結論付けられています。こうした「社員の幸せ」を考えて施策を打つことで、組織活性に生かしていくというのは、幸福追求型のマネジメントとなります。その幸福追求型の組織マネジメントのゴールとしては、社員がいきいきと能力を発揮し、会社に貢献し

てくれることです。そのために、社員を幸福にするような施策が必要だと考えるのです。ただ、幸福論が取り上げられた際に、本当に幸せが生産性を運んでくるのか懐疑的になる経営者や人事担当者が多いのも当然の話です。

社員の幸せは生産性を本当に引き連れてくる？

前著のおさらいになりますが、組織として社員を幸福にするような施策に一所懸命取組めば、離職や欠勤、モチベーション低下は改善するかというと、私の答えとしては「一概にＹＥＳとは言えない」と考えています。

それら課題が起きている組織は、既にそうした課題を生むきっかけ、つまり労働価値のミスマッチによるギャップからマイナス感情が蓄積している「病んでいる組織」です。「あきらめ」「落ち込み」「疲労」「不安」「虚しさ」「妬み」「怒り」「逃げ」といったマイナス感情が蓄積しきっている組織に所属する社員に対して、「みんなの幸福度を上げましょう！」といった施策を行ったところで、それが社員のココロを動かすとは到底思えず、むしろシラケさせるリスクの方が高いからです。「幸せなんて想像できないのに、会社は何を言

っているんだ」という状態です。今の時点で、「全くマイナス感情がなく、みんな前向き、組織大好き」という良い状態の組織であるならば、「さらに良くなるため」に幸せ追求の施策は効果的でしょう。「会社が社員にたくさんの幸せを提供できれば、みんなハッピー」とはいかない、つまり幸せが生産性を連れてくるには、元々ある程度良い組織であるという条件がなければ現実的には難しい話なのです。幸福度の追求をするのであれば、何かを足して幸せを生み出すことからスタートするのではなく、マイナス感情という重りを取り除くことからスタートするのが効果的な施策です。

さらに、「社員を幸福にするような施策」には盲点があります。それは、プラスの施策から生まれるポジティブな感情に伴う効果は一時的であり、社員にとって「いいこと」は当たり前化し易いという点です。ノー残業デーや、在宅勤務、フレックス制など、「働きやすさ」を実現するための施策の多くが一時的には社員にとって「嬉しい」といったポジティブな感情を生み出します。しかし、その喜びは長続きせず、施策が浸透していくにつれて「当たり前」に変わり、時には逆にその施策によって新たな課題や行き過ぎた従業員の主張を生み出すこともあります。短期的に考えれば、「社員を幸福にするような施策」は確かにプラス感情を生み、生産性にも一時的に寄与するかもしれません。しかし、中長期的に考えていくと、その幸福は長続きせず、むしろそれが失われた際のネガティブインパクトの

幸せ追求にも盲点が…

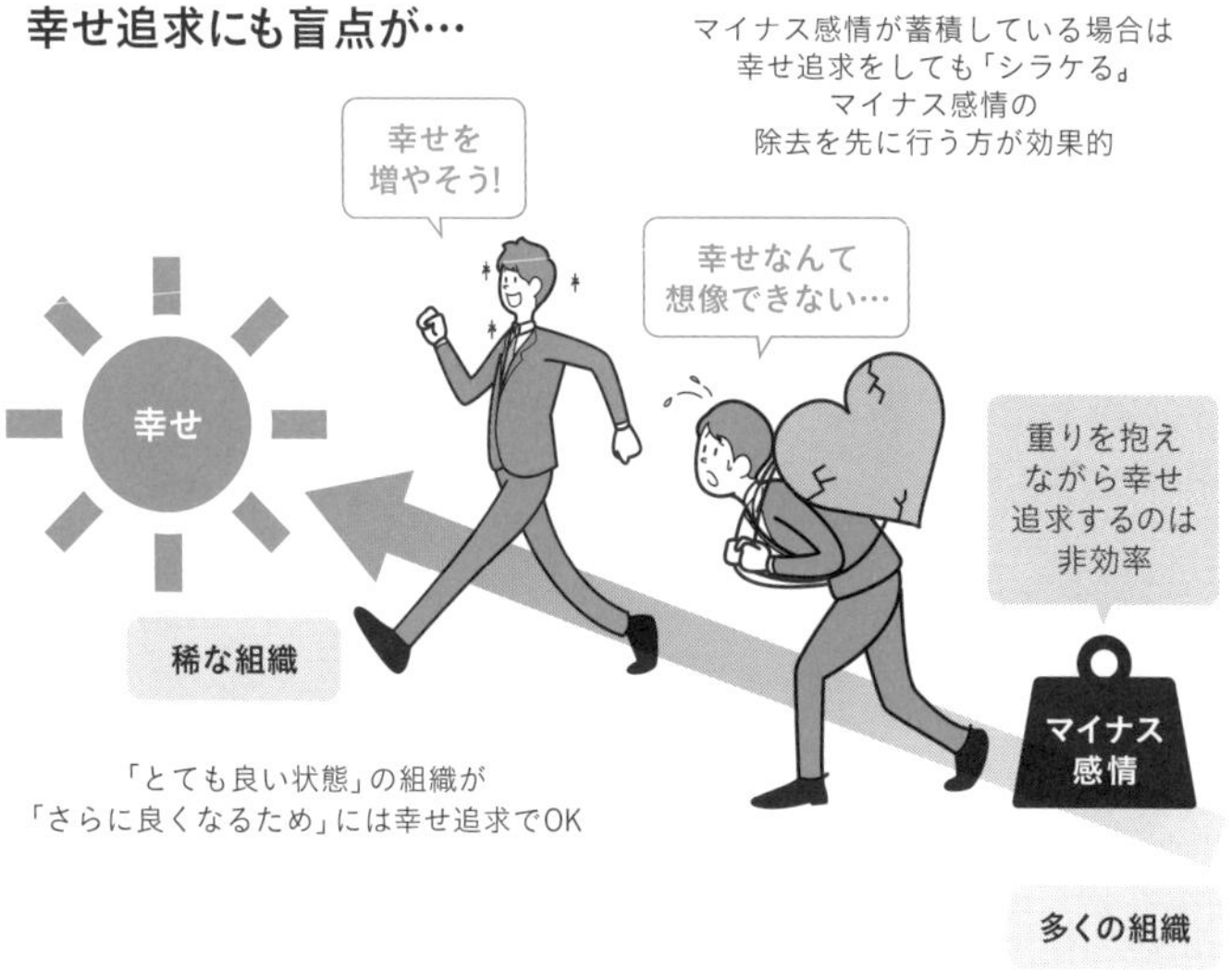

マイナス感情が蓄積している場合は
幸せ追求をしても「シラケる」
マイナス感情の
除去を先に行う方が効果的
幸せを
増やそう!
幸せなんて
想像できない…
幸せ
重りを抱え
ながら幸せ
追求するのは
非効率
稀な組織
マイナス
感情
「とても良い状態」の組織が
「さらに良くなるため」には幸せ追求でOK
多くの組織

良いことは当たり前となり、効果は長続きしない

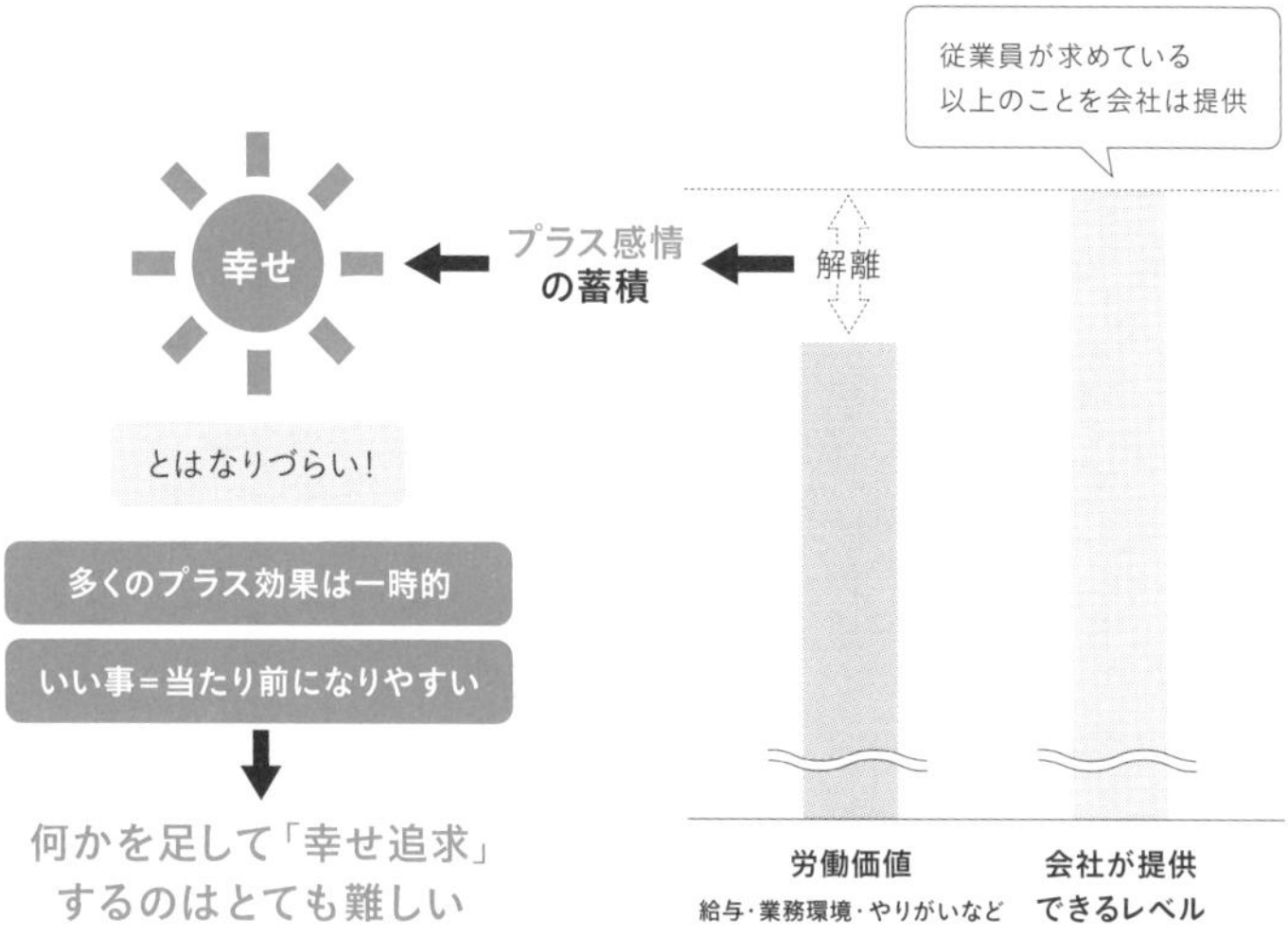

従業員が求めている
以上のことを会社は提供
幸せ
プラス感情
の蓄積
解離
とはなりづらい!
多くのプラス効果は一時的
いい事=当たり前になりやすい
何かを足して「幸せ追求」
するのはとても難しい
労働価値
給与・業務環境・やりがいなど
会社が提供
できるレベル

方が大きくなるリスクすら発生し得るのです。

「社員を幸福にするような施策」が決して悪いわけではありません。その施策を遂行する前に一度立ち止まり、「自社は社員を幸福にするような施策を行うに適した状態であるのか？」「先に取り除くべき重りとなるものはないか？」を考えたうえで、施策を行うことも大切ではないでしょうか。

会社の存在意義とは？

そもそも会社は社員のためだけに存在しているわけではありません。また、経営者の為だけに存在するわけでもありません。従業員、取引先、顧客、競合、社会といった様々なステークホルダーがいる中で、会社として顧客や社会へ価値提供を行い存続していくことが会社の存在意義です。新型コロナウイルス感染流行のように、社会情勢の変化は社員の働き方だけに影響するものではなく、会社や会社を取り巻く関係企業、顧客や業界に影響を及ぼします。会社の存在意義である価値提供を実現するうえで、その馬力となる社員への配慮は大切な要素ではありますが、「価値提供」とのバランスは忘れてはならず、模索していかなければならない要素です。ただ、実際には社員の「働き方」への配慮を増すことにより「価値提供」の思考がないがしろになり、バランスが崩れてしまう会社もあります。

働き方を重視し過ぎるのには理由がある

働き方への偏重は今に始まったことではありません。近年の労働時間削減や健康経営推進の流れを見ても、少し行き過ぎているくらい「働き方」への意識が高まっていることは周知の通りです。ただそんな中で働き方の過度な尊重が組織活性のバランスを崩し、顧客への価値提供に影響している会社が出てきているのも事実です。なぜ働き方を過度に尊重してしまうのか。その理由は、決して経営者が価値提供を無視したというわけではありません。背景にあるのは、経営資源である「人」の動きのインパクト、つまり人が辞める・つぶれるといった影響により、やむを得ず社員が求めるものに「寄せに行く」施策を打ってしまうからです。社員が抱く実現期待性と、会社が抱く実現可能性にギャップを感じているが、労働力である社員がいなくては元も子もないという事情から、働きやすさを過度に求める施策に走り、結果的に働きやすさばかりが増して今ひとつ活性がない組織が形成されてい

会社は社員の動きに敏感、だから働き方へ偏重する

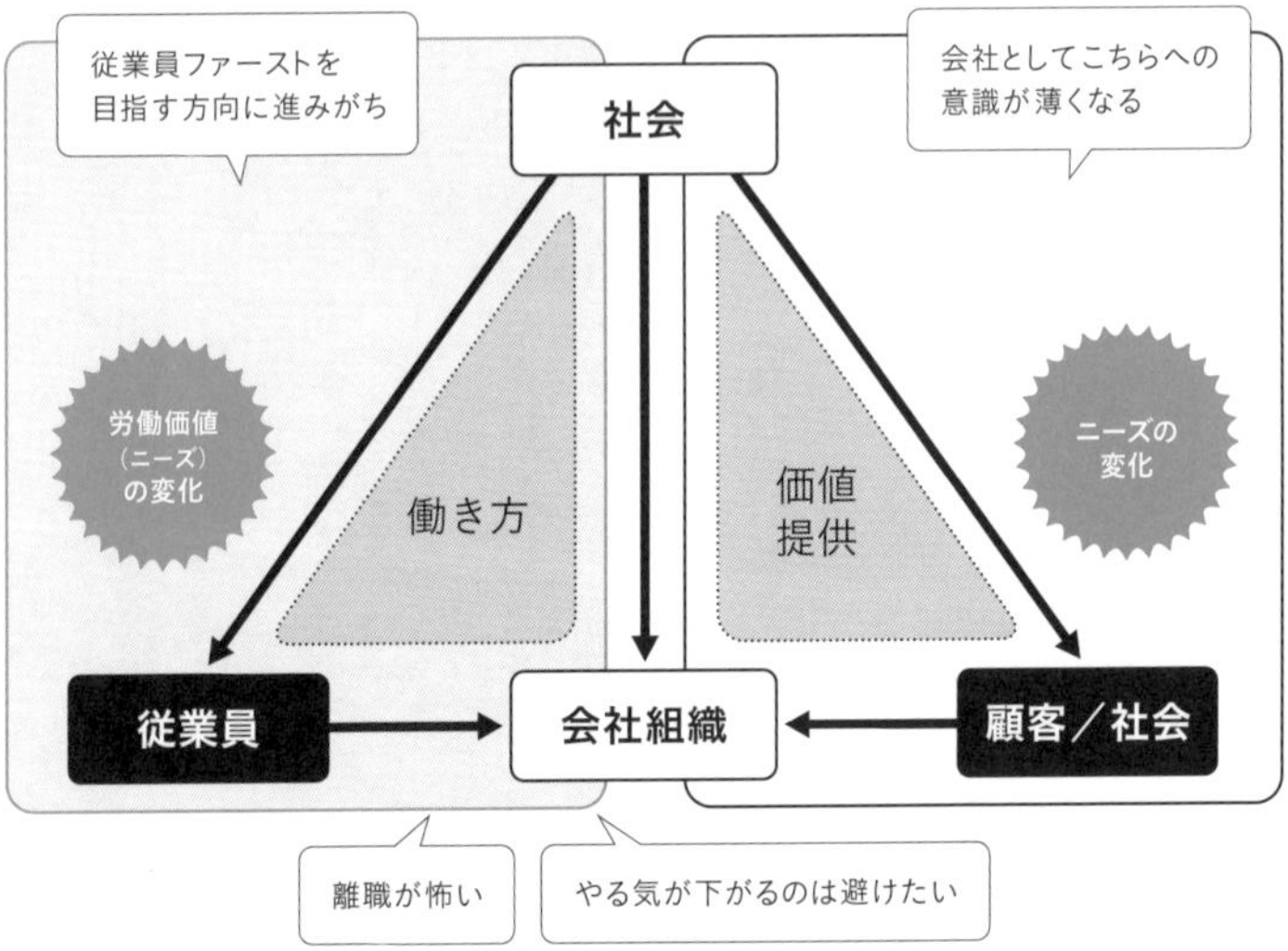

くといった流れです。その過程において、経営者は何も考えずに施策を講じているわけではなく、失ったらインパクトが強い人材の流出リスクをどうにか最小化したいという理由から、人員確保を目的とした働き方への配慮が偏重してしまうのです。働き方と価値提供は相反するという考え方が根底にあるのも、これらを助長させる要因のひとつです。

その結果、現状を維持し人員確保を優先するがゆえに働き方を過度に尊重し、追求すべき価値提供が後手に回り、新しいニーズへの対応も遅れてしまうのです。

では、「働き方」「価値提供」について会社はどう考えていけばいいのでしょうか。その答えは「組織活性」にあります。

モヤモヤ❸の論点

働き方への配慮と顧客への価値提供は両立できる

キーとなる組織活性を生む、一人ひとりの個人活性

組織活性は、そもそもどこから生まれるものでしょうか。組織活性の源泉は個人、つまり社員一人ひとりの個人活性の集合体で成り立っています。個人活性は3つの要素から成り立ちます。

◎心身コンディション
◎働きやすさ
◎働きがい

これら「個人活性」は、人がいきいきと働けるかどうかを決めている要素です。それぞれの要素には、さらにいくつかの要素が含まれます。

個人活性3要素の関係性

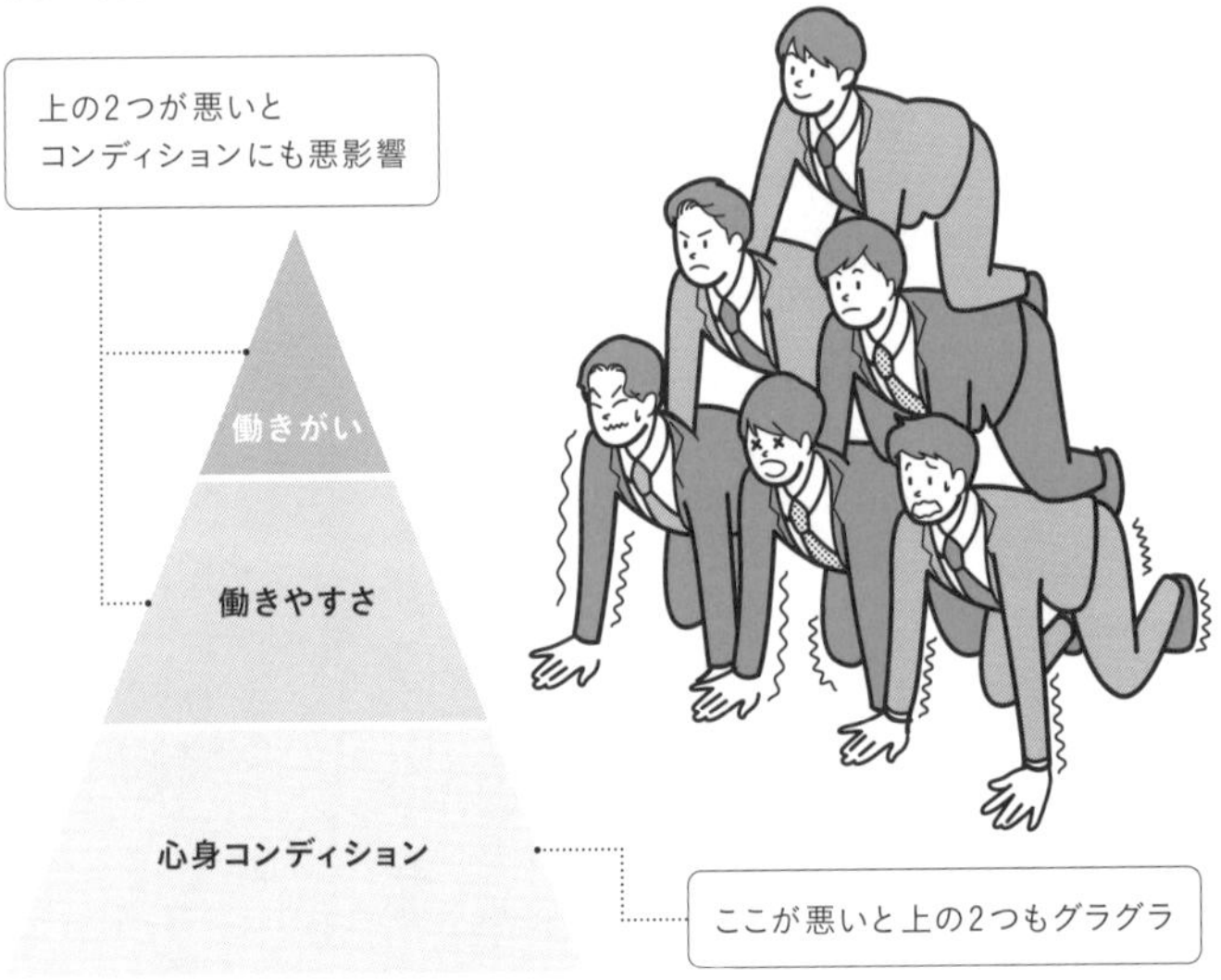

◎心身コンディション：疲労、将来への不安、病気など
◎働きやすさ：業務の量や質、ワークライフバランス、人間関係、人事制度など
◎働きがい：強み、成長、居場所感、繋がり、評価など

この3要素がバランス良く満たされている社員は、快適な職場で元気に、前向きに仕事ができているといえます。そのような社員が組織に多ければ多いほど、組織内に高いモチベーションが充満します。この3要素は、どれかひとつが優れていれば良いというものではなく、重要なのはバランスです。例えば、〝ワークライフバランス〟への取り組みに力を入れ

ていて、「働きやすさ」のバランスは良好な職場で合っても、〝成長〟や〝つながり〟といった「働きがい」が不足し、成長を望む若手の離職が止まらないようなケースもあります。

3要素のバランスを家に例えるならば、「心身コンディション」は個人活性の土台となります。これがグラつくと、「働きやすさ」にも「働きがい」にも悪い影響を与え、活性の低下を招きます。どんなに骨組みや内装、外装が良い家を建てても、基礎がしっかりしていなければ家は傾きますよね。その一方で、「働きがい」や「働きやすさ」が乏しい場合でも、「心身コンディション」に悪い影響を与えてしまいます。上の部分が崩れると、雨や風が侵食し、土台である基礎を破壊していきます。メンタル不調や離職など、組織を悩ませる人の問題の根底には、この個人活性のバランスの崩れや、落ち込みが必ず存在しており、離職ひとつをとってもどの要素が落ち込んだことで離職という結論を招いたのか判断するための指標として、この3要素は非常に有用です。3要素のバランスについてもっと詳しく知りたいという方は、前著『「辞める人・ぶら下がる人・潰れる人」さて、どうする？』で事例を用いて説明しておりますのでご確認ください。

組織活性は個人活性の集合体

組織活性とはよく耳にしますが、これは個人活性の集合体です。個人活性同様、「心身コンディション」「働きやすさ」「働きがい」の3要素で成り立っていると考えられます。会社やチームそれぞれの集団で、一人ひとりが持つ個人活性、それらが合わさって組織の活性度合に影響します。つまり、

◎個人活性3要素のバランスが悪いメンバーが多い＝組織活性も低い
◎個人活性のバランスが働きやすさに偏重していて働きがいが伴っていない＝組織活性は低くはないが高くもない
◎個人活性のバランスが働きがいに偏重しており、働きやすさや心身コンディションが崩れている＝やりがいはあるが、体も心もついていかない

という形で、個人活性の姿が集合体となって組織活性として表れると考えていただくとシンプルです。

ただし、組織活性には個人活性とは大きく異なる点がふたつあります。

ひとつ目は、**個人の影響力の強さ**です。個人で発生したマイナス感情の蓄積が組織内で感染症のように広がり、組織活性全体に影響を与える、ということです。

ふたつ目は、**対処の難しさ**です。個人活性だけで考えた場合、対処すべき相手は明確なため、ピンポイントでどう対応したら良いか考えられます。しかし、組織活性という広い視点で見た場合においては、誰かの個人活性を上げようとすると、組織内の他のメンバーに不公平感や怒りといったマイナス感情を生じさせ、結果的に他のメンバーの個人活性を引き下げてしまうリスクがある、ということです。

このふたつの特徴が、組織活性への取り組みをするうえで大事なポイントとなります。メンタルダウンを例にとって考えてみましょう。

ある部署では、メンバーのひとりが個人的な要因でストレスを抱えており、その結果メンタルダウンを引き起こし休職しています。当然その人が担当していた業務は、他のメンバーがフォローをすることになります。自分が担当している業務に追加して、休職しているメンバーの業務も請け負うことで、業務負荷が増えて、疲れ、妬み、怒りといったマイナス感情が生じます。フォローする期間が長くなるにつれて、そのマイナス感情がどんどん蓄積し、「なぜ自分がこんな苦労をしなければならないのか」という思いが強くなり、働

3要素のマイナス感情を蓄積する因子

心身コンディション	働きやすさ	働きがい
抑うつ	業務量	強みの活用
疲労	業務プレッシャー	適職
将来不安	ワークライフバランス	成長
身体的病気	人間関係	居場所感
	人事公平性	つながり
	給与	

きづらさが悪化します。

この現象は、メンタル不調による休職だけでなく、復職のプロセスでも顕著に起こります。復帰してからしばらくの間は、上司を含めた周りのメンバーのサポートの中で、少しずつ平常運転に向けて負荷を増やしていくことが多いためです。その過程で、復帰した本人が周りからの配慮に感謝を全く示さなかったり、配慮をあたかも当然の権利のごとく強く主張したり、また、いつまでも平常運転に戻せない状況が続いたりすると、組織内でのマイナス感情が蓄積し続け、組織活性の「働きやすさ」が低下し、復職のプロセスを監督している人事担当者に対してクレームが入ることもあります。特定のメンバーの個人活性（この例で言うと、「心身コンディション」と「働きやすさ」）のケアが、集団全体の組織活性（「働きやすさ」）を落としてしまう結果となった例です。一人の個人活性の低下が他の人に悪影響を及ぼしていく。一人を救うための新たな施策によって、これまでそれほど個人活性の低下が目立っていなかった人たちにも、大きな影響が出てしまう……など、組織活性を考えるうえでは、不公平感をはじめとするマイナス感情の「伝染」に十分な注意が必要となります。このように、個人活性と違い、組織活性は伝染の影響力を考える必要があります。

伝染とはつまり、周りのメンバーにマイナス感情が影響し、連鎖反応が起こりやすくなることです。その結果、会社が「離職」「メンタル不調」「生産性の低下」といった表面化した組織課題に意識を向けたころには、すでに事態は対処が難しい状況に至っているのです。

新しい「当たり前」が生まれた今、ビジョン、ミッションだけでは限界がある

ここ数年の傾向として、組織活性の中でも「働きがい」への注目は高まりを見せていまし

た。「エンゲージメント」「モチベーション」「コミットメント」、カタカナばかりですが、組織への愛着を高めることへの意識がトレンドでした。確かに、ビジョンやミッション、パーパスは、社員にとっては道しるべとなる存在であり、それらが道しるべとして機能することが、組織への愛着を高める上では欠かせない要素であることは、経営者や人事担当者であれば納得のことかと思います。また、現代の会社では正社員だけではなく、様々な人が一緒に働いています。正社員、派遣社員、契約社員といった雇用形態の違いだけでなく、母国の違い、言語の違い、スキルの違いといった形で、多様な人材が集まっています。そして、当然、労働価値はそれぞれに異なることから、それらをつなぎ合わせて束ねていかなければなりません。そのための道しるべ、それがビジョンやミッションの役割です。「うちの会社はこういう考えをもって動く集団です」と共有することが、社員にとっても「どう行動したらよいのか」を考えるうえでの道しるべとなります。

ただし、ビジョンやミッションにも盲点があります。それは、ひとつの会社で働くにあたって、元から価値観が大きく異なる従業員もいるでしょうし、採用時は同じ価値観を共有していても、個人の局所的要因、つまりミクロシフトなどで価値観のギャップが広がっていくこともありえることです。そのときには放置せず、社員と会社の間で、社員が求めているものと会社が提供できる価値について、双方の認識をしっかり確認していくことが

災害などの大きな社会情勢変化の影響

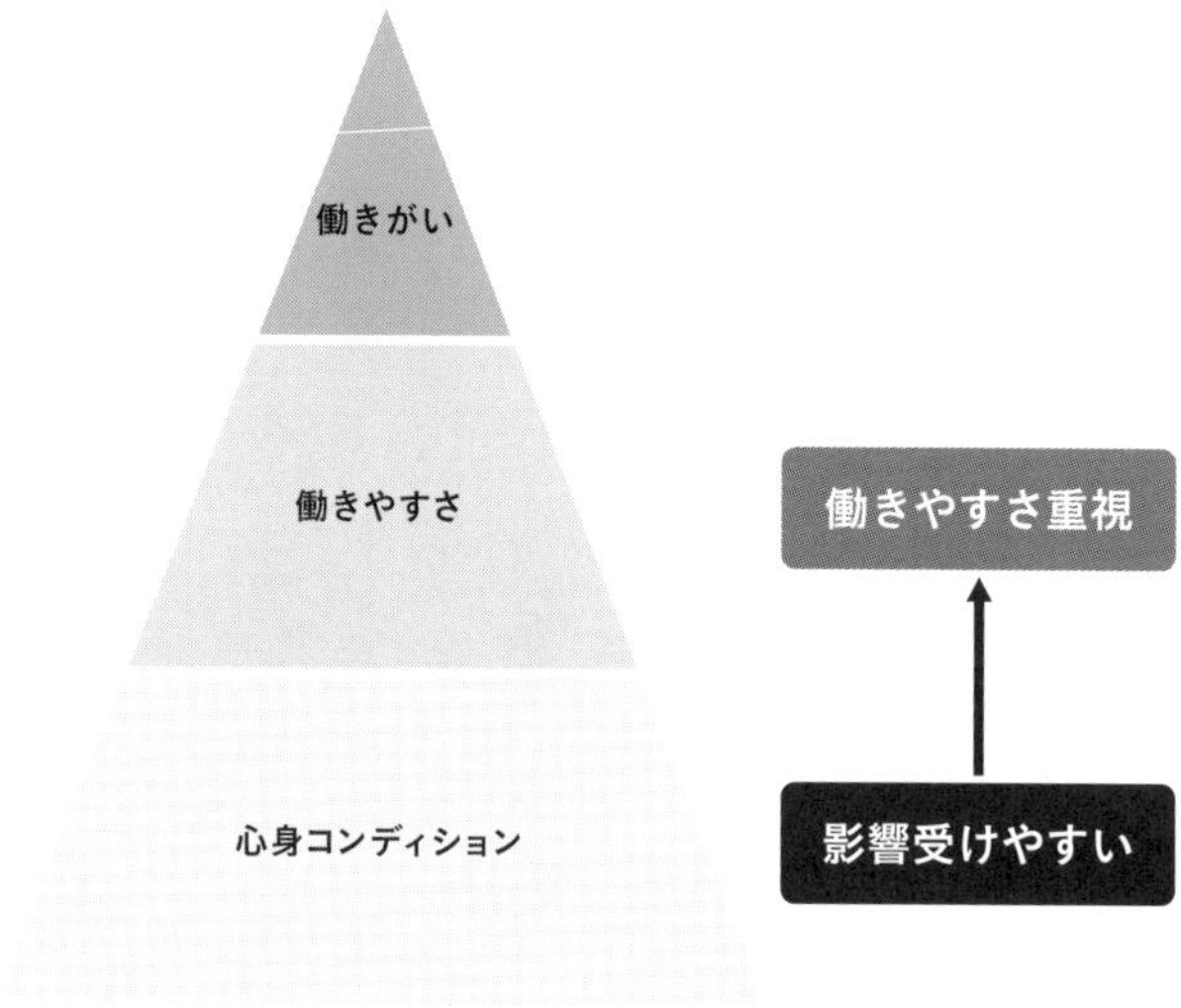

大切です。

今後もビジョンやミッションが大切なことには変わりはありませんが、新型コロナウイルス感染流行をきっかけにそれは一旦は下火になるのではないかと思います。理由としては、健康不安、雇用不安といった不安の増大と生活環境の変化というＷパンチにより、個人は心身コンディションや働きやすさを重視する傾向にあるためです。今後しばらくは、働きやすさ重視の施策が重要視される可能性が高く、逆にモチベーションやエンゲージメントといった話は後回しになる会社が増えるでしょう。

働き方の改善がより良い価値提供に繋がる流れを作る

組織活性は、組織の生産性を支える重要要素です。それは、組織活性は個人活性の集合体であり、個人活性が低い社員が多ければ多いほど、組織活性ももろに影響を受けます。だからこそ、組織活性の源泉となっている個人活性を上げ、組織活性の向上に繋げ、生産性向上をもたらし、最終的に顧客への価値提供に繋げる。この流れを作れるかどうかがポイントになります。

つまり、働き方への取り組みは、社員一人ひとりの想いや要求を満たすためのものではなく、組織活性を保ち生産性や価値提供に繋げていくための「手段」として捉えていくことが重要です。そう考えていくと、働き方と価値提供は相反するものではなく、ゴール達成のために、いかに「働き方」を上手く工夫していくかという前向きな気持ちになるのではないでしょうか。

モヤモヤ❸の正体

働き方と価値提供の「どちらにフォーカスするか」が板挟みの根源

働き方の過度な尊重により価値提供が置き去りに

「社員の気持ちや要求に会社はどこまで配慮しなければならないのか？」

社会情勢の急激な変化は、経営者や人事担当者に大きな不安をもたらしていることは間違いありません。新型コロナウイルス感染流行で言えば、感染リスクを抑えつつ事業保全をいかに両立するかという話は、多くの会社が神経を使った論点です。「社員の気持ちや要求に会社としてどこまで配慮すべきか？」というモヤモヤだけでなく、会社を取り巻くステークホルダーの動向にも神経を尖らせています。それは、パラダイムシフトにより組織・顧客・取引関係先・競合・社会など様々なステークホルダーの環境ニーズが同時に変化したことに起因しています。

今後もこうした社会情勢の急激な変化や災害がいつ発生してもおかしくありません。その中でも、社員の労働価値が変化したことによる「働き方」への配慮は、顧客や社会に対する「価値提供」への配慮以上に表面的にわかりやすいため、ニーズの変化に対応しないといけない意識が強くなりやすい側面があります。それにより「働き方」への配慮が、価値提供を差し置いて一方的に推進されてしまう特性があります。

「働き方」への取り組みを、「価値提供」向上のための手段と捉える

「働き方」「価値提供」は相反するものという捉え方をまず見直す必要があります。働き方は社員の労働価値を満たすために変えるものではなく、顧客や社会のニーズの変化に対応できる組織活性を保つための手段です。手段として「働き方」にも配慮し、それを組織活性や価値提供に繋げていく、それが「働き方」への真の取り組みと目的だと考えます。

実際には、組織活性を保ち価値提供に繋げていくための施策が組織を強くすることもあれば、ネガティブな影響をもたらすこともあります。

これについては、現在多くの企業が頭を悩ませている在宅勤務やオフィス活用にも言え

る話です。社会情勢の急激な変化に伴い、緊急策的に在宅勤務を導入した会社は多いのですが、それを今後も継続していくか否かの検討の際には、必ず価値提供・パフォーマンス・成果をどう見ていくかといった話が付きまとうでしょう。また、在宅勤務継続の流れができている一方で、その「働き方」の選択肢を持たせるためには物理的支援や精神的支援も欠かせません。企業は業務環境の整理や必要に応じた物的支援、曖昧な業務内容の整理や見直し、評価制度の見直しなど、現実的な話を考えていかなければなりません。それだけでなく、マネジメント方法もこれまで同様で問題なくとはいかず、組織運営の転換に伴う管理職への負担増加も無視できない組織課題になると考えます。

第1~3章では、激動の今を生きる経営者や人事担当者が抱える様々な悩みを3つに整理してお話ししました。影響がいつまで続くか予測が難しい情勢ではありますが、パラダイムシフトの荒波に流されるまま組織運営を行うことなく、ある程度自社が目指すべき方向に旗を立てつつも状況に応じて針路を変えていく。どこに向かうべきかを考え直す上での軸となる物が「組織活性」ともいえるかもしれません。

3章のまとめ

モヤモヤ③社員の気持ちや要求に会社はどこまで配慮しなければならないのか？

社員は大切。しかし働き方に偏重した施策で、会社の本来目指すべき価値提供と存続がないがしろになるのは避けたい。事業保全と社員への配慮のバランスにおけるモヤモヤ。

［解決策］

「働き方」への取組みは、社員の想いを満たすためのものではなく、組織活性を上げ会社の価値提供を実現するための「手段」と捉えて配慮し、それを組織活性や価値提供に繋げていく。それが「働き方」への真の取り組みと目的である。それでも、災害などの大きな社会情勢の変化時には、組織活性は心身コンディションが落ち込みやすく、働きやすさへの重要度が高まることが考えられる。背景には健康不安、雇用不安といった不安の増大と、生活環境の変化が関係している。今後しばらくは、働きやすさ重視の施策が重要視される可能性が高く、逆にモチベーションやエンゲージメントといった働きがいを高める話は後回しになる可能性が高い。「働き方」と「価値提供」は相反するものと捉えず、組織活性のバランスを保つために優先される施策を見極めていくことが重要。

第4章

「変える？変えない？先延ばす？」をどう解決するか

施策の影響をどう見える化するか

まずは現状を知ることからはじめる

第1～3章では、社会情勢によって組織を取り巻く環境が激しく変化する現代で、経営者や人事担当者が抱えるモヤモヤを3つに整理してお話ししました。では、新型コロナウイルス感染流行のような急激な社会情勢の変化によって、経営方針を十分に検討する猶予なく、なし崩し的に組織運営を変更した会社は、このまま社会情勢の流れに乗って組織運営を固定化させた方がいいのでしょうか。つまり、組織運営を変えるのか？　変えないのか？　判断を先延ばしするのか？　この疑問は付きまといます。

新型コロナウイルス感染流行をきっかけに、多くの会社が組織運営を再考しています。感染拡大防止のための新しい生活様式が求められている以上、当然、自社の「これから」を考

えるでしょう。ウイルス流行という災害に限らず、いつ何が起きるか分からない現代では、今後幾度となく訪れる悩みとなるかもしれません。

第4章～5章では、社会情勢の急激な変化から生じた組織運営のみならず、あらゆる施策導入を検討する際の判断の軸となるヒントを紹介します。「組織運営を変えるのか、変えないのか、もう少し様子を見て判断を先延ばしにするのか」、迷うことなく判断し、自社が目指す組織構築に前向きに取り組むための「勇気」を手に入れていただければ幸いです。

まず第4章では、施策が上手くいくのかどうかという判断の前に、既に導入した施策を例に、施策が組織に与える影響を評価していきます。つまり、「なぜあの施策は成功し、失敗したのか？」という疑問に答えをだします。施策が組織に与える影響をロジックを用いて理解していくことで、自社の「現状」を考えるきっかけになります。

次に5章では、これから施策を検討する段階に立ち、施策導入可否について考えるときのプロセスを紹介。「組織運営を変えるのか、変えないのか……さてどうする？」といった疑問に対して、施策導入検討時におさえるべき思考フローを徹底解説します。これにより、今まさに検討している施策を導入するかしないかの判断軸と、取り組む勇気を手に入れることができます。

社会情勢による影響がいつまで続くか分からない状況では、この施策が正しいという結論に至るまでに中長期的経過観測が求められ、組織運営においてもトライアンドエラーを繰り返していくことになります。どんな環境下に置かれても組織運営を止めることは出来ません。激動の現代において、私自身を含め経営者・人事担当者が少しでも前向きに組織運営に取り組めることを願ってこのフレームを考案しました。

組織にとっての施策ってそもそもなんだろう？

組織は様々な施策とともに運営されています。近年の働き方改革に伴う長時間労働の削減や、コロナ禍における在宅勤務もそうした「施策」のひとつです。では、そもそも組織にとっての施策とは何なのでしょうか？

「健康で働くことが経営にプラスの影響をもたらすから健康経営という施策をする……」「人材に多様性を持たせることでイノベーションの創出を狙うために、フレックスや在宅、副業といった働き方の選択肢を持たせる……」など、会社によって様々な施策が、様々な狙いとともに検討・導入されます。

ただし、施策による狙いは各社多様であったとしても

「組織施策の導入は、最終的に会社が創出する価値向上に繋がること」

これはどんな会社であっても施策導入を通じて最終的に描きたいゴールであることには違いないと考えています。

先程の、健康で働くことに繋がる健康経営施策、フレックスや在宅、副業といった働き方の選択肢を持たせることは、その施策によって組織力が高まり、その組織が顧客への価値を増やすことや競合との差別化、社会貢献を生み出すことに貢献し、最終ゴールとして会社が創出する価値を上げることに寄与しなければ意味がありません。3章でお話ししたように、「働き方」への取組みは社員の想いを満たすためではなく、組織活性を上げ会社としての価値提供を実現するための「手段」であると捉えることが重要という部分にもリンクします。

反対に、将来的に会社としての価値創出につながらない施策は導入するべきではないとも言えます。くどいようですが、「組織施策の導入は、最終的に会社が創出する価値向上に繋がること」、この前提に立ってこれから、施策が組織に与える影響を評価していきます。

施策が組織に与える影響を評価する3つのP

経営者や人事担当者は社会情勢に合わせて経営方針を策定する役割があります。コロナのように経営方針をじっくり検討する猶予なく組織運営が変わったとしても、どこかのタイミングで今後の方針を考えなければなりません。それは単に社会の動きを見て施策を合わせていけばいいわけではありません。これまでの章で触れた３つの要素「労働価値」「組織活性」「価値提供」をはじめとする様々な要素を考えて検討しなければならず、何がどう影響し合うのか考えるだけでも一苦労です。そこで施策が組織に与える影響を見える化するツールとして「ＰＰＰフレーム」を考案しました。まず３つのＰそれぞれについて説明します。

PPPフレーム

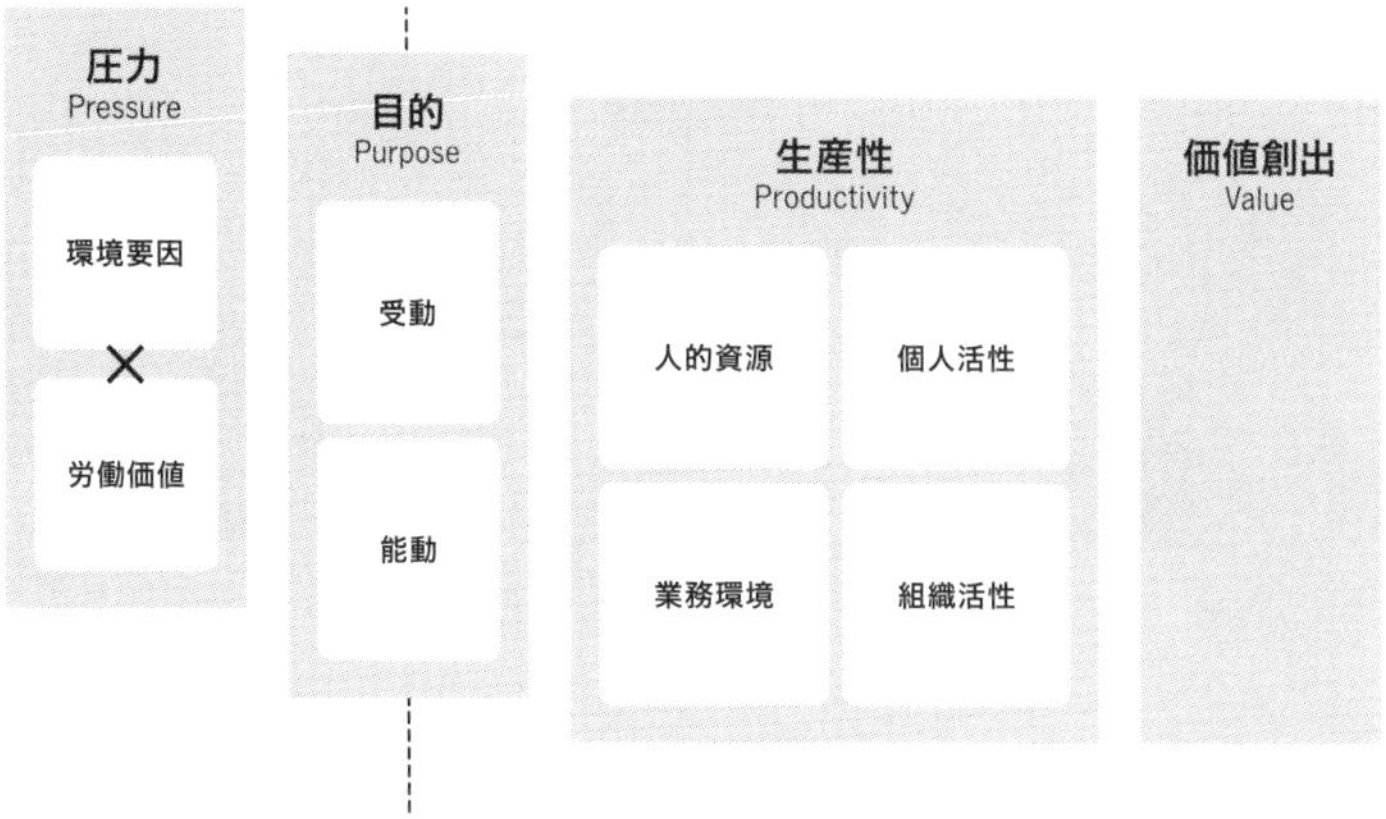

第１のP「Pressure」

第一のＰはPressure、「圧力」です。会社として「施策を検討せざるを得ない状況なのかどうか」を評価します。関係する要素は大きく分けてふたつあり、ひとつ目が環境要因、ふたつ目が労働価値です。

［環境要因］

環境要因とは、社会や業界の情勢変化に伴って、会社として「対応せざるを得ない状況」に追い込まれることを指します。この環境要因をもたらす因子は大きく分けて４つあります。

受動性の素となる4つの因子

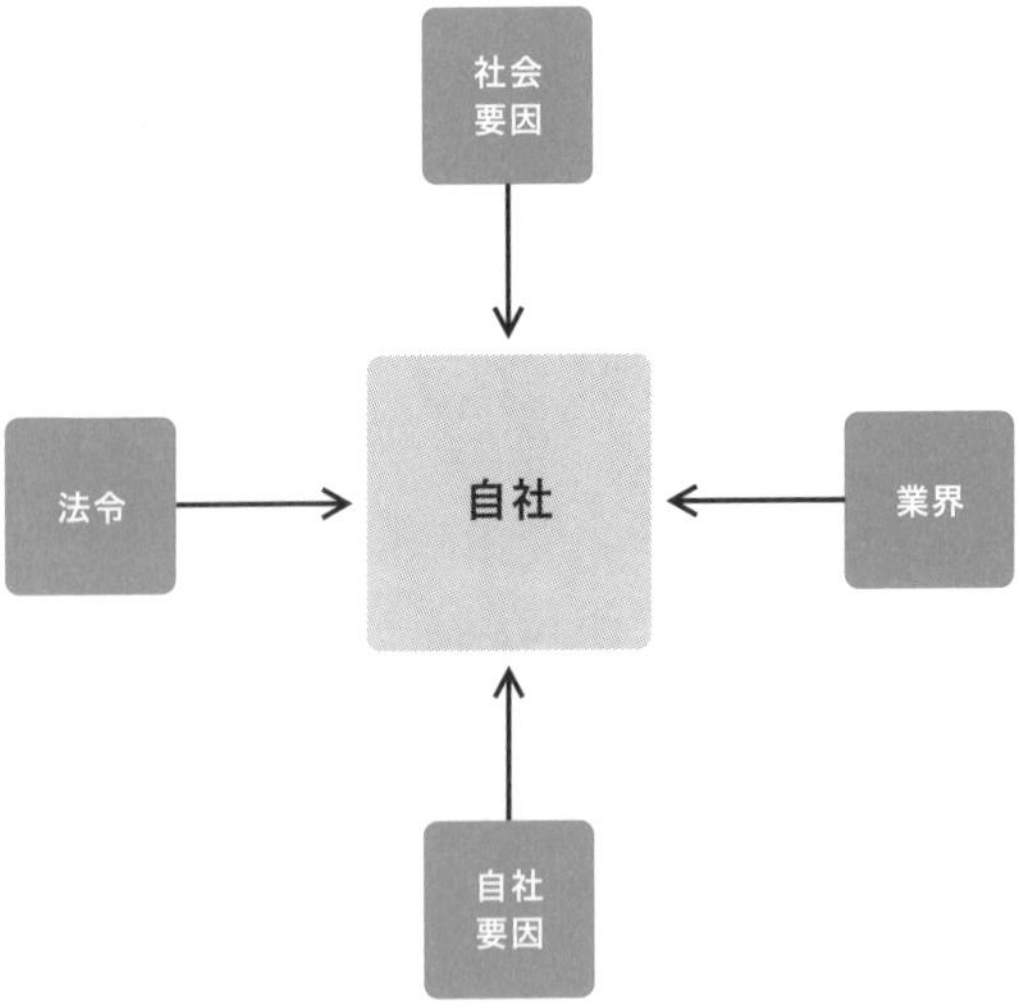

◎環境要因をもたらす因子その①

「社会要因」

地震や台風、新型コロナウイルスといった「災害」が社会要因における分かりやすい因子です。災害そのもの以上に強い力を持っている世間の目（報道内容、SNSの情報）などもレピュテーションリスク（企業に対するマイナスの評価・評判が広まることによる経営リスク）を引き起こし、会社が対応せざるを得ない状況に追い込むこともあります。

◎環境要因をもたらす因子その②「法令」

労働法改正による時間外労働の制限、同一労働同一賃金、男女雇用機会均等法、介護休暇など、法令にともない会社が対応せざるを得ない状況が発生することもあります。

◎環境要因をもたらす因子その③「業界」

業界ルール自体の変更や、競合の動きに対して取り組まないと、競争原理に基づいて考えると自社が「取り残されてしまう」といった流れも、会社が対応せざるを得ない状況に繋がることがあります。

◎環境要因をもたらす因子その④「自社要因」

人員が増えオフィススペースが足りない、経費削減の圧により調整が求められる、親会社の意向により対応しないといけないなど、自社の何かしらの要因により、対応せざるを得ない状況となることもあります。

［労働価値］

2章で扱ったとおり労働価値とは、一言でいうと「仕事に何を求めるか？」です。人はそれぞれ働く目的や働く環境に求めるものが異なるため、労働価値も、その人の性格や価値観、キャリア、生活環境によって異なります。働く上で経済的報酬（お金を稼ぐこと）

が大切な人もいれば、能力活用（自分の能力を発揮出来ること）が大切な人もいます。ワークライフバランスのように、自分が望むバランスが取れることが大切な人もいれば、社会貢献や絆といったように、自分の仕事が社会にとって貢献できることが大切な人もいます。

この労働価値はミクロシフト・マクロシフトによって変化するということは既に説明した通りです。特に今後注視したいのはマクロシフトによる変化です。

労働価値が急激に変化する条件は次のとおりです。

パラダイムシフトの発生（それによる社会における価値観の変化）

＋

実現期待性（「できる」という感情）

これらが揃った場合には、労働価値は変化していると考えてよいでしょう。

つまり新しい考えの浸透により「当たり前」が変化するパラダイムシフトは、やがて社会全体の価値観にも変化をもたらします。そこに、社員が「自分の業務でも適応できる」と思える実現期待性が備わったときには、労働価値のマクロシフトが生じ、労働価値が急激な速さで変化していきます。

A社の労働価値は大きく変わってしまったのか？

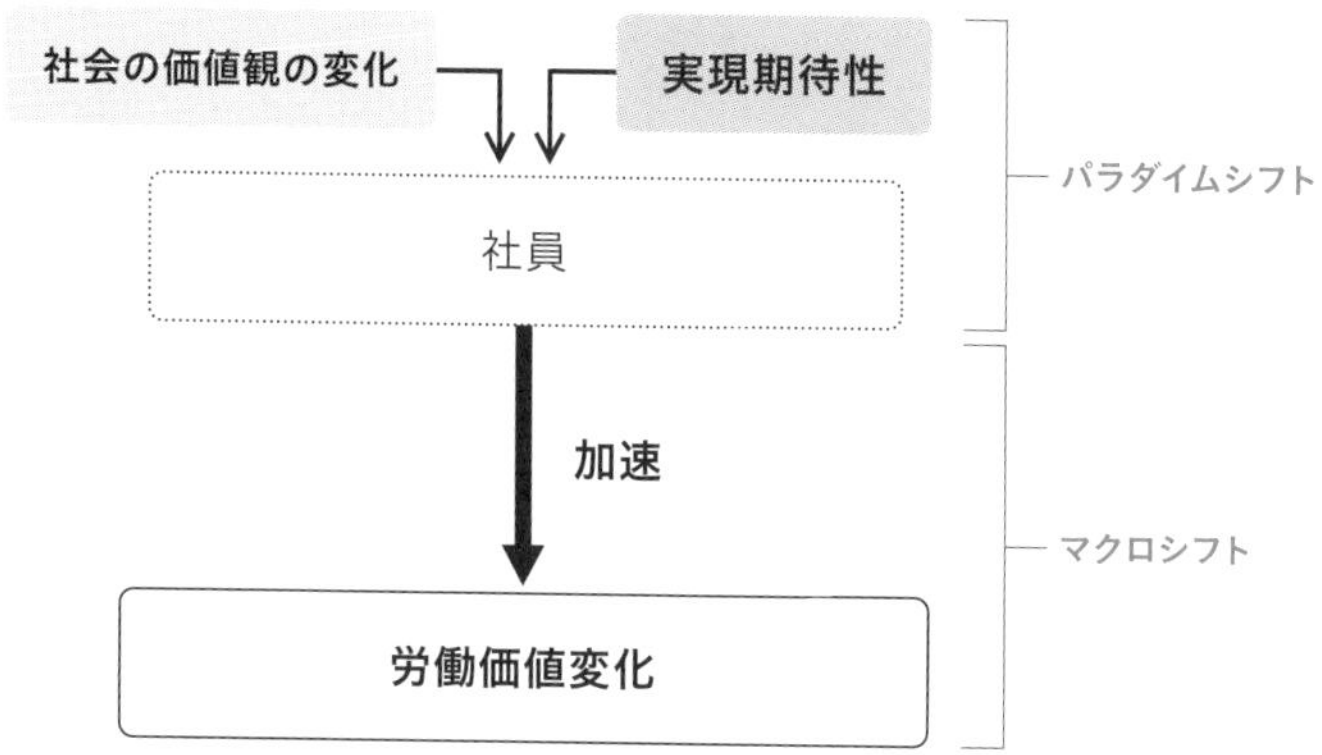

特に新型コロナウイルス感染流行に限定して考えれば、労働価値の変化は発生し易い状況です。なぜなら、オフィスに出勤するという当たり前が崩れ、在宅勤務や交代勤務をはじめとする新しい考え方が浸透し、パラダイムシフトがすぐ目の前まで来ています。当然、新しい考え方が発生しない業界や職種もありますが、一般的なオフィスワーカーに関しては、実現期待性の高まりから「新しい働き方」への圧は強まることは間違いありません。この時に労働価値がどのように変化しているのかですが、おそらく「安心して働ける」「時間を有効活用しながら働く」「自分で働く場所を選べる」といった形で、働きやすさに偏重する傾向になる

社内外の圧↑＝対応不可避になりやすい

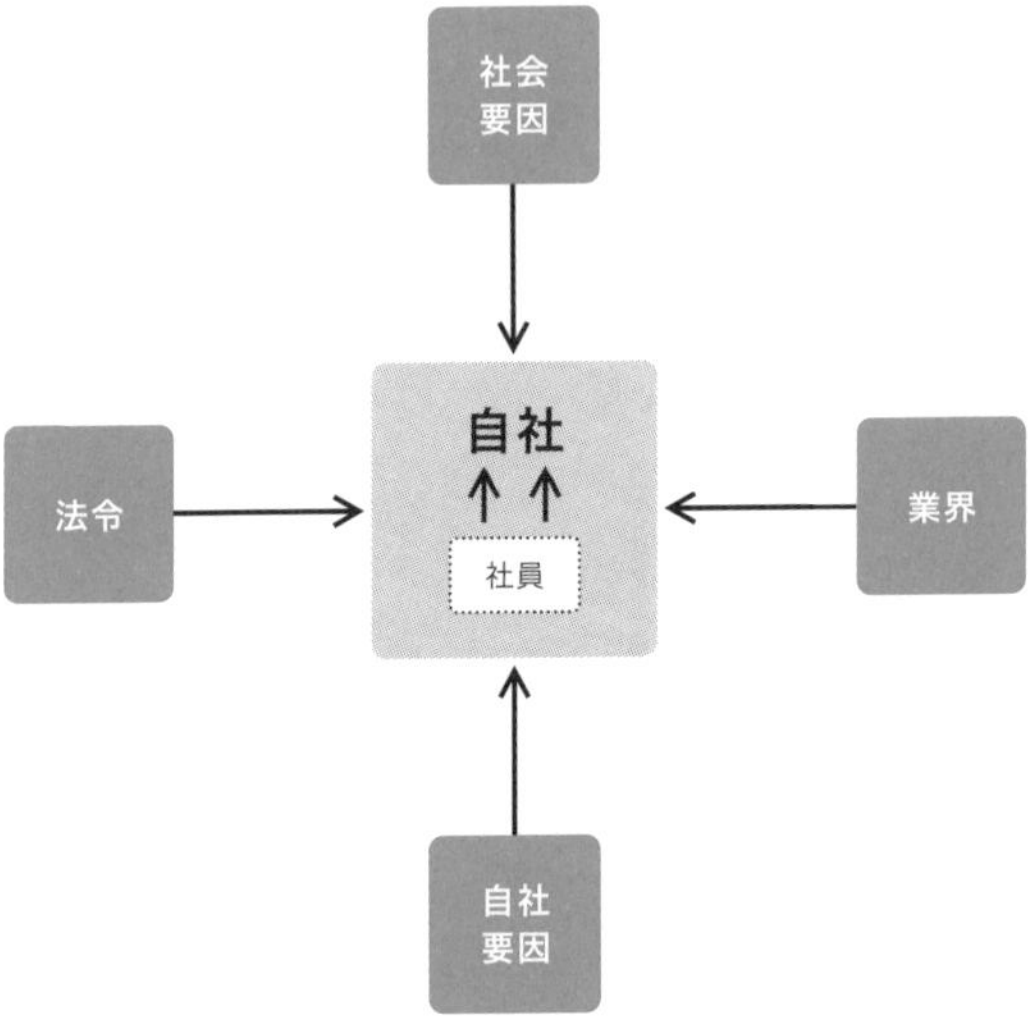

と推測されます。つまり、労働価値として働きやすさを求める意識が高まっている分、会社がそれを満たせない場合には、自身の働きやすさに対する満足度が低下しやすい状態と考えられます。

もちろん、これは働きやすさに限ったことではありません。コロナによる影響で、今後の自分の働き方に「何を求めるか？」を考えるようになった人が増えているといえます。

環境要因と労働価値といったふたつの要素により「圧力が高まった状態」は、「会社は施策を検討せざるを得ない状況」に追い込まれていると考えられます。

特に注意すべきなのは、環境要因と労

働価値それぞれの変化が重なると、社内外の圧が高まり、施策への対応が避けられなくなる可能性が非常に高いことです。その場合でも「施策導入はしない」と結論を出すのであれば、施策を導入しない明確な理由づけが必要です。つまり、社内外の圧を理解したうえで「組織にとってどんな影響があるから会社としては施策を導入しないのか」のロジックを組み立て整合性ある理由付けができない場合、社員のココロは会社から離れていくでしょう。明確な理由付けを組み立てるプロセスについては5章で詳しく説明します。

第二のP「Purpose」

第二のPはPurpose、「目的」です。これは「施策に取り組む姿勢」を評価します。つまり施策導入に対して、「会社としてやらざるを得ないから仕方なくやるのか？」「何かしら良いことを求めてやるのか？」といった姿勢の違いを捉えます。施策に取り組む姿勢にはふたつのタイプが存在します。ひとつ目が受動、そしてふたつ目が能動です。

予め注意したいのは、施策導入の目的がひとつに絞れることはまれであることです。「受動」「能動」のどちらかの姿勢というわけではなく、受動的な目的と能動的な目的の比率で考えます。

［受動］

受動は「受動的な姿勢」を指しています。施策検討や導入は、追い込まれているからやらざるを得なくてやるという姿勢です。受動は前述した「圧力」に大きく関係します。圧力が高ければ高いほど、受動の比率が上がりやすくなります。

［能動］

能動は「能動的な姿勢」を指しています。会社を良くしよう、施策を通じてこうした効果を狙おう、という何かしらの良いことを求めて施策検討や導入を行う姿勢です。

目的の比率が施策の成功確率を決める

「結局受動と能動どちらが望ましいのか？」と疑問を持たれた方もいるかと思いますが、これは決してどちらかという話ではなく、「目的」の比率が施策の成功確率を決めると考えてください。一般的に、目的が受動的なもので占めた場合、受動的な姿勢での施策導入は会社としては「やらざるを得ない」という考えの下で取り組むことが多く、施策を導入すること自体が目的となりやすいのです。施策導入がゴールになってしまうと、施策が組織に与える影響を十分に考察することもなく、施策によって価値創出につなげようという発想まで至らないことがほとんどです。受け身での施策導入は、価値創出に至るプロセスを考える動機づけが欠陥することが多く、それにより現場の疲弊や不公平感といったさらなる組織課題を生み出す事態になる傾向が強いです。

分かりやすい例としては、長時間労働削減があります。働き方改革に伴い多くの会社が

「能動」の要素が施策成功に必須

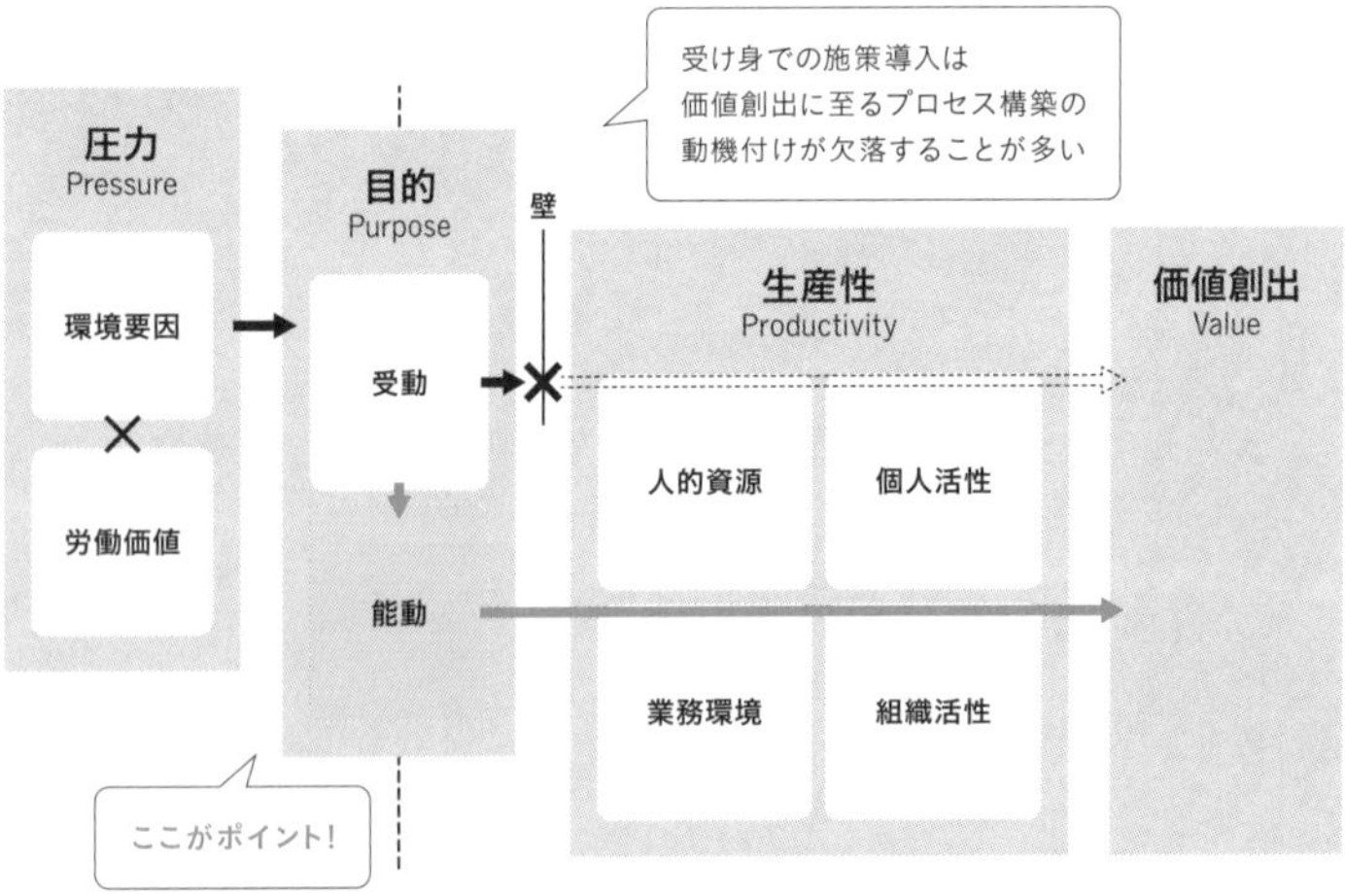

時間外労働に対して意識を高めていることは既知の通りです。産業医としても、近年過重労働面談数はかなり減った印象を持っています。ただし、一方で「時間数だけ減らすことが求められて、むしろ現場が疲弊している状況」もよく面談を通じて聞いています。労働時間を減らすことで心身的には楽にはなるが、その一方で働きがいや会社への愛着が落ちてしまい、会社の組織力が下がるケースなども見受けられます。

では、能動的な姿勢はどうでしょうか?

能動の場合は、「会社を良くしよう!」「施策を通じてこうした効果を狙おう!」というモチベーションの下で施策検

目的の比率が施策の成功確率を決める

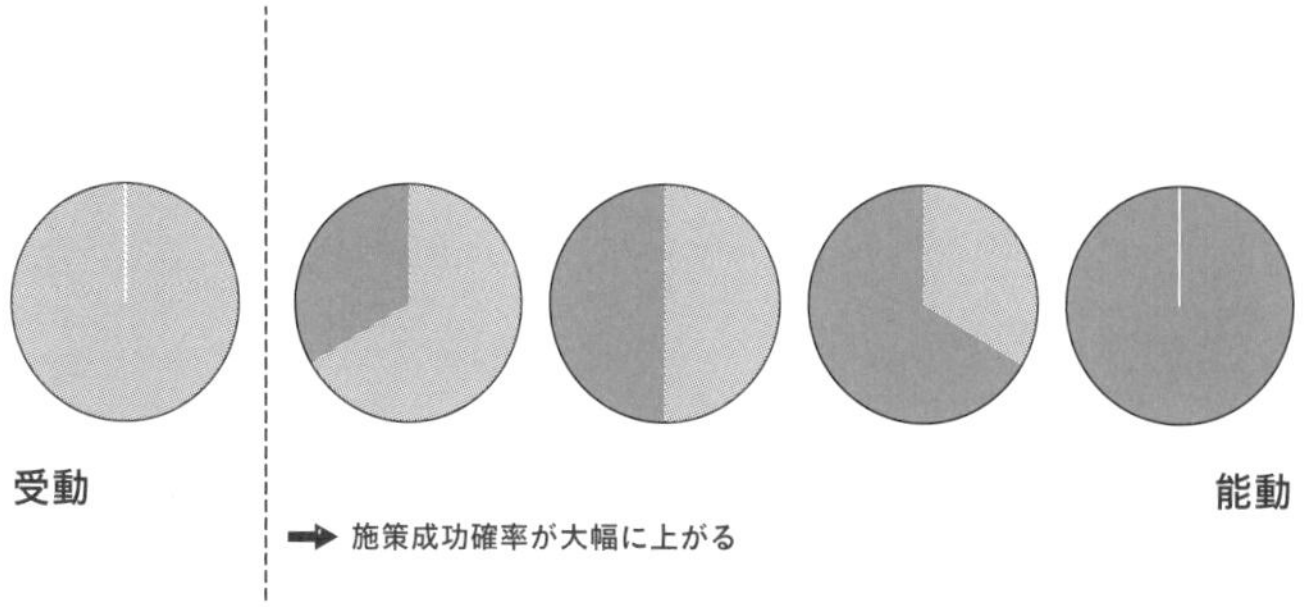

討を行うため、施策が組織に与える影響を考えやすいのです。そのため当然施策の成功確率も高まります。

つまり、ポイントを整理すると以下2点となります。

◎少しでも組織としてのパフォーマンスを「良くしたい」という姿勢を施策導入・検討時に備えているか？

◎施策が組織に与える影響を考えているか？

コロナ禍における在宅勤務の導入を例に考えてみます。緊急事態宣言発令直後においては、環境要因に関連した「圧力」が高まり、多くの会社は「受動」の比率が高い状態で施策導入を行ったでしょう。中には、この情勢を好機と捉えてオフィス解約やフルリモート化を進めた会社もありますが、ほとんどの会社が感染対策という「やらざるを得ないから在宅勤務を」という状況だったのではないでしょうか。

しかし、いつまでも「圧力」を理由に「やらざるを得ない」という動機のみで施策継続するのは危険です。会社の今後を考え、在宅勤務を延長し、または今後在宅を主とした働き方に中長期的に転換したとしても、少しでも「良くしたい」という能動的な姿勢と、施策が組織に与える影響への関心を持ちながら取り組むことが重要です。受動的な目的100％で導入される施策と比べ、能動的な目的が少しでも入ることによって施策の成功確率は大幅に高まります。たとえ受動的な目的で始まった施策であっても、時間経過とともに能動に転換していけることが望ましいのです。

第三のP「Productivity」

第三のPはProductivity、「生産性」です。生産性は「組織として価値創出に繋げるだけのパワー（組織力）を、施策を通じて得ることができるのか？　失ってしまうのか？」を評

価します。つまり、「施策が組織にどう影響するのか？」に深く関係するのが「生産性」です。生産性に関係する要素は大きく分けて四つあります。人的資源、業務環境、個人活性、組織活性です。それぞれについて基本の考え方を説明します。

［人的資源］

施策によって影響が及ぼされる人的資源の要素は、主にふたつ考えられます。

ひとつ目が、「採用」。事業継続に最低限必要な人的リソースの確保や、優秀人材の採用、多様な人材の採用など、施策導入が採用に大きな影響を与えるのはよくあるケースです。

ふたつ目は「定着」。会社にとって必要な人材の離職を避けたい、やる気のない社員が消極的に定着するのは避けたいなど、施策導入の効果としてＩＮ－ＯＵＴコントロールを期待するケースはよくあります。

［業務環境］

施策によって業務環境にはどんなことが期待されるでしょうか。よくあるケースとしては、業務オペレーションが改善されて効率が上がる、業務配分が適正化される、コミュニケーションが向上する、イノベーションが生まれやすくなるなど、施策導入の効果として、業務環境改善というねらいを持つケースはよくあります。

［個人活性］

3章で触れた通り、個人活性は心身コンディション・働きやすさ・働きがいの3つの要素から成り立ちます。個人活性は「人がいきいきと働けるかどうか」を決める要素です。

この3要素がバランス良く満たされている社員は、快適な職場で元気に、前向きに仕事ができているといえます。3要素は、どれかひとつが優れていれば良いというものではなく、重要なのはバランスです。施策によって個人活性にどう影響するのかは考察必須です。

［組織活性］

組織活性は個人活性の集合体であることは3章で説明しました。施策導入による組織活性を考える上でキーとなるのが「不平等感」です。個人活性と違い組織活性は対処が難しく、組織内の特定メンバーの不満を解消しようとすると、別のメンバーの不平等感を高めてしまうループが生じ、結果として組織全体の活性が低下することがよくあります。

コロナ禍における在宅勤務組とオフィス出勤組のあいだに生じた不平等感がまさにそれです。在宅に限らず施策導入時には不平等感へのケアも配慮する必要があります。

施策がこれら4つの要素（人的資源、業務環境、個人活性、組織活性）にもたらす影響を見ることが重要です。また、4つの要素は独立して成り立つものではなく、相互に関係し合いながら、施策を通じた影響として浮かび上がってきます。詳しくは5章でケースを見ながら解説していきます。

組織活性は個人活性の集合体であり相互に影響し合うという点については、前著『「辞める人・ぶら下がる人・潰れる人」さて、どうする？』にて、もう少し深堀りしています。4章のコラムにその概要をまとめたので、詳しく知りたい人は読んでみてください。

施策が組織に与える影響を評価する3つのP、Pressure「圧力」、Purpose「目的」、Productivity「生産性」についてこれまで説明しました。上手くいかない施策はこれら3つのPの影響を事前に考察していなかったことが関係しています。では、これからふたつのケースを用いて、施策と3つのPの関係性を理解し、施策が組織に与える影響を評価していきましょう。

施策が組織に与える影響 ケース❶

在宅勤務の導入 A社モヤモヤケース再登場

専門商材を扱う商社 A社
創業60年の〝老舗企業〟タイプ

A社の社長の口癖は「おれの時代は……」。そんな社長の口癖もすっ飛ばす勢いで組織運営を変えざるを得ない災害が発生。それが新型コロナウイルスだった。新型コロナウイルス感染流行がはじまった3月、A社ではそれほど対策は行わず、3月末時点でも手洗い・マスク着用というレベルの対策で変わらぬ日常を送っていた。社員の一部からは、「うちの会社はどうせ在宅勤務はしないだろう」「せめて時差出勤にしてくれないか」といった不安・不満の声が上がっていた。

社員の声を参考に人事部では新型コロナウイルス対策委員会を設置。事業継続計画の見直しとともに、4月以降も感染状況が変わらない、または緊急事態宣言が発令された際の会社の対応の確認を早急に進めた。その結果、4月の2週目から、営業職はじめとする一部業務は在宅勤務に移行。在宅勤務での業務が難しい経理や専用システムを扱う事務等は交代勤務を導入した。

Ａ社では6月1日から原則通常勤務に移行。しかし、オフィスの出社率を50％に維持するため、在宅業務でも支障がない職種については在宅勤務の延長を認めていた。社員の中には「感染リスクが怖いから交代勤務は継続したい」「せめて時差出勤は続けてほしい」「一部業務だけ在宅勤務が継続されていて不公平だ」といった不平不満が再燃。Ａ社の社長は「いつまでもこんな施策を認めるわけにはいかないよ。仕事は出社ありき！」といった形でさっさと通常に戻したい様子。人事としては、東京都や政府からの「要請」と実際の業務影響を考えつつ慎重に対応をしたいが、板挟みに苦しんでいる。

社長のココロの声

〝おれの時代は、会社に行って同僚と顔を合わせてコミュニケーションを図りながら仕事を進めていた。今はチャットだのメールだのと便利にはなったが、「飲みに誘うのもダメ」「家族の話を聞くのもダメ」と、なんでも気を使う時代になった。当社の良さはアットホームな環境だと自負している。昔と比べて長時間労働も減ったし、幸い毎年新人も入ってくれて、私としては社員を家族のように思っている。在宅勤務なんてしてしまったら、会社で働く意味も、コミュニケーションもますます減ってしまうんじゃないか〟

人事担当者のココロの声

〝社員は在宅勤務で意外と仕事が回っていると感じており、このまま在宅勤務を続けたいという希望が出てきている。しかし管理職からは在宅勤務下でのマネジメントや評価方法について疑問が挙がってきている。人事としては、安全配慮義務の観点からなるべく感染リスクを減らして社員の健康と安全を第一に施策を検討していきたいとは思う。今の懸念事項としては、新入社員へのフォローが例年と異なるということ。生活環境や労働環境の変化に対して、管理職のみならずいっぱいいっぱいになっている社員が多い。また、実務が伴わないことで新入社員自身も成長の機会が減っていると実感しているのではないかと不安も感じている。さらに、在宅勤務の実例がないことで将来的に人員確保に不利になるのも避けたい。人事としては、時代遅れの会社として評価もされたくないし、人材育成も行いたい。バランスを模索したいが色々と施策を整備するにも時間とリソースがかかるため負荷を感じている。正直はやく日常に戻ってほしい……〟

ここでは社員のココロの声は割愛します。なぜかというと、社員の声を知ることは当然大切ではありますが、在宅勤務が快適という感覚を持つ方もいれば、在宅勤務は絶対に嫌という方もいます。一人ひとりの意見に耳を傾けるのは不可能です。大切にしたいことは、社員一人ひとりの声がどうという話ではなく、なぜ今その施策が求められているのか、その施策によってどんな影響が自社に及んでいるのかを客観視することです。

PPPフレームで在宅勤務が組織に与える影響を評価

早速A社のケースをPPPフレームに当てはめて考えていきましょう。

Pressure「圧力」→それなりに高め

圧力は「環境要因」と「労働価値」のふたつの要素が関係します。A社の場合、環境要因はどうでしょうか？　これについては、環境要因をもたらす因子のうち「社会要因」が深く関係します。特にコロナへの感染症対策や国・都から事業者に対する要請があったことで、「会社としてある程度対応せざるを得ない状況であった」といえます。労働価値については、実際に在宅勤務を行った社員にとっては「できる」という実現期待性が高まっている状況です。まだ労働価値の根本的な転換（マクロシフト）が発生しているとは言い切れませんが、社内外からの圧がそれなりに高い状況であるといえます。

Purpose「目的」→導入自体が目的で、能動的な姿勢に転換しきれず

目的はどうでしょうか？　A社の在宅勤務は「やらざるを得ない」という受動的な姿勢から生じており、まだ明確に能動性が伴う目的設定はできていないようです。

Productivity「生産性」→生産性は失われつつある

このケースで注目したい点は、まず組織活性です。営業職と事務職間といった「職種」や、管理職と一般社員といった「立場」の違いによって、「働きやすい」と感じる社員もいれば、「働きづらい」と感じる社員もおり、一概に在宅勤務によって働きやすさがどうなったとは言えません。ただ確かなことは、職種や立場によって個人活性に大きな差が生じるということは、その差に対する不満を抱える人が生じる可能性が高く、組織活性において不平等感が生じているということです。

A社のリモートワーク

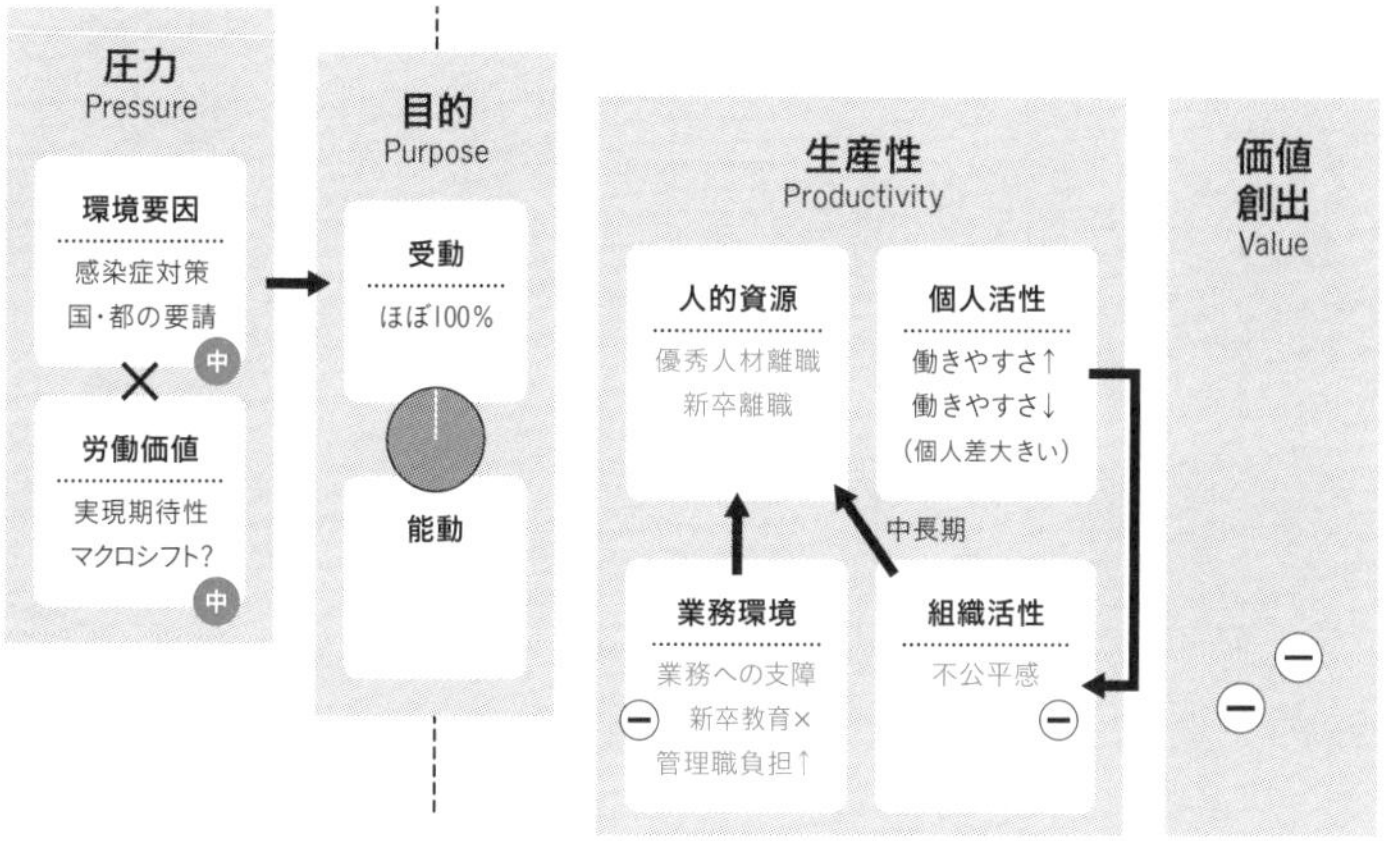

さらに、業務環境はどうでしょうか？管理職の在宅勤務下でのマネジメント負担のみならず、在宅勤務による新卒教育への影響、コロナによる労働環境変化による業務支障が生じています。

人的資源については現時点で影響は出ていませんが、中長期的には新卒の離職や、優秀人材の離職といった影響をもたらす可能性が考えられます。

A社の在宅勤務という施策は価値創出に貢献するか？

PPPフレームから、A社の施策は組織力を失わせる可能性が高いと想像できたのではないでしょうか。現時点の評価では、「施策の導入は、最終的に会社が創出する価値向上には繋がりづらい」。それがA社ケースの結論です。

ただし、「在宅勤務はやめてオフィス出勤という選択肢しかないのか？」「要請が出ている以上難しい、何か対策は打てないのか？」と思った方もいるかもしれません。この問題については5章で取り扱いますので、もうしばらくお付き合いください。

PPPフレームを用いた施策が組織に与える影響の評価を、今度は違うケースで見ていきましょう。

施策が組織に与える影響 ケース❷

長時間労働の削減 B社モヤモヤケース再登場

ーIT企業B社

新卒・女性人気が高い〝働き方先進企業〟タイプ

モヤモヤケース❷で登場したB社。今どきのIT企業ということもあり、施策のスピード感は他社からも評判がある。そんなB社も6年前までは残業が多く、「仕事に打ち込みたいエンジニア集合！」との如く、成長企業によくある馬力がものすごい状態であった。当時のB社はプロジェクトへのアサイン状況によってではあるが、時間外労働が月80時間を超える人が多数。全社平均で見ても平均45～50時間と多めな企業だった。

そんなB社が残業削減に乗り出したのは、2014年に「ブラック企業」が流行語大賞に入り、過労死防止対策推進法が施行された頃からである。社会の目が、長時間労働、過

B社の労働時間削減プロジェクト

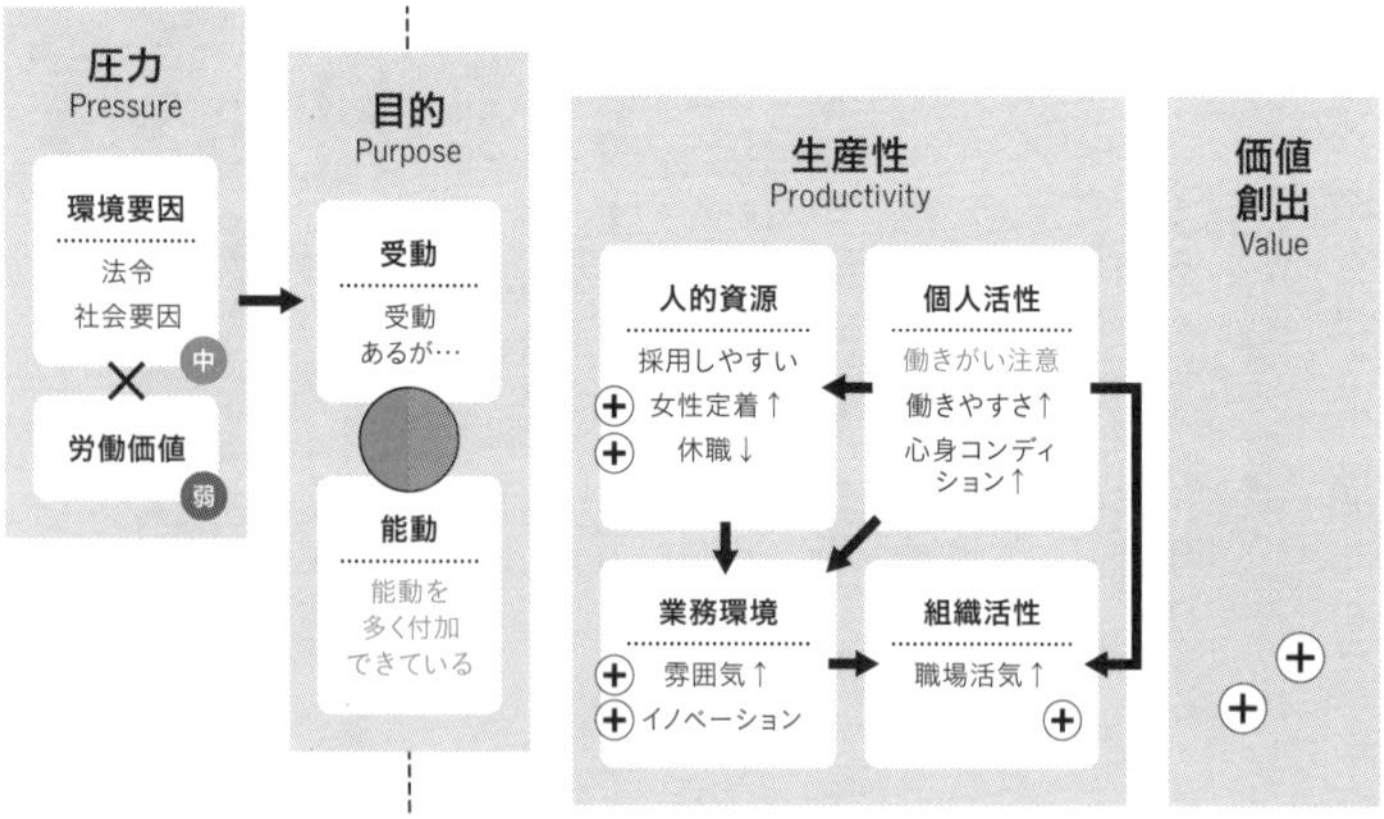

労死に向かう中で自社の状況を反省。そこで、実際に女性社員や子育て中の社員にとっては働きづらく、時間外労働による健康リスクも高い状況であった。人事と部門主要メンバーにて「長時間労働是正委員会」を設置。長時間労働の削減のために、ログ管理式勤怠システムの導入、残業申告制の徹底、業務整理、部門を跨ぐ協力の推進などの社内で出来る取り組みから、発注納期の適正化、長時間労働の削減に対する施策発信など、社外の関係者への調整も行った。

委員会の積極的な活動と、社内関係者の協力もあり、数値だけで見れば、今や時間外労働は月15時間まで改善。さらに、働き方に積極的に取り組む会社として評判を呼び、採用面においても「新卒が行きたいＩＴ会社ＴＯＰ10」に入るなど、プラスの効果も見られた。２０１９年施行の働き方改革関連法施行の際にも改めて整備をすることもなく円滑な対応ができた。

ＰＰフレームで長時間労働削減が組織に与える影響を評価

Ｂ社のケースをＰＰＰフレームに当てはめて考えていきましょう。

Pressure「圧力」→それほど強くはなかった

Ｂ社の場合、環境要因をもたらす因子のうち「法令」と「社会要因」が深く関係します。

一見、外的圧力は高いと言えますが、Ｂ社が施策に乗り出した２０１４年時点では多くの会社ではまだ労働時間削減に本格的に取り組んではおらず、「会社として対応せざるを得ない状況であった」とは必ずしもいい切れません。

労働価値については、「仕事に打ち込みたい社員」が多いことからも当時はワークライフバランスを大切にしたいといった労働価値の圧は弱かったと考えられます。

Purpose「目的」→施策は受動で生まれたが、能動を付加できた

施策の目的はどうでしょうか？　B社の場合、社会の動きを見たうえで自社の現状を反省し、「やらざるを得ない」という受動的な姿勢はあったものの、女性や育児中の社員が長く働ける会社にしたい、健康リスクを下げたいといった、組織への中長期的な良い影響も考察をいれたうえで能動的に施策検討・導入に取組みました。

Productivity「生産性」→生産性は得ることができた

このケースで注目したい点は個人活性です。個人活性が、組織活性・人的資源・業務環境それぞれにプラスの効果をもたらしました。

まず、個人活性だけで見ると、労働時間が減ることで心身コンディションは上がり、精神的・肉体的な疲弊感が改善されることで働きやすさがあがりました。

「個人活性→組織活性」の影響としては、職場全体の疲弊感が解放されることで職場の活気は高まりました。

「個人活性→人的資源」の影響としては、心身コンディションの悪化による休職者の減少

や、働きやすさが改善されることによる女性の定着、そして採用面もプラスの効果が得られました。

「個人活性→業務環境」の影響としては、個人活性が改善することで組織活性に連動する形で職場雰囲気は上がります。

中長期的には、女性が定着し易くなることが「女性も活躍できる職場」を生み出し、管理職登用などのダイバシティが促されます。男性と女性それぞれの視点が入ることで、組織がイノベーションの生まれやすい環境になるといった効果も期待できるでしょう。

B社の長時間労働削減という施策は価値創出に貢献するか？

PPPフレームから、B社の施策は価値創出に必要な組織力を得られる可能性が高いことが評価できました。それがこのケースの結論です。

長時間労働の削減は「働きがい」への配慮が大切

B社の評価はあくまで個人活性の中の「働きがい」がキープされている、もしくは上がる、という前提で考えていますが、実際には「働きがい」の低下には注意が必要です。B社の社員のように、「仕事に打ち込みたいエンジニア」にとっては、時間が制限されることが逆に働きがいを損ない、働きづらさを生み出すこともあります。つまり、時間関係なく仕事に打ち込みたい社員や、時間で成果をカバーしていた社員、仕事がある意味趣味化していてとことんこだわってしまう社員にとっては、労働時間が制限され、同時に成果を求められることが個人活性低下の要因になることもあります。

また反対に、時間が減ることで働きやすさは上がる一方で、働きがいが追い付かない場合にも注意が必要です。ただただ社員にとって居心地の良い環境となってしまうことで、職場全体がぬるま湯化する可能性もあります。働きがいの低下・職場のぬるま湯化、この2点は働きやすさが向上する施策においては影響として無視できない要素です。

このような場合には、労働時間が減っても働きがいを維持するための仕組みも一緒に検討しなければなりません。例えば短い時間でパフォーマンスを出すことを重要視する「意

識改革」や、評価軸を変える、新しいプロジェクトを任せるといった「新しい働きがいの機会設定」などは有効です。長く働いていいものを提供するということだわりは徹底的に排除し、決められた時間で成果を出すという意識に持っていくことが大切です。

「労働時間は減らされ、残業代も減って、でもパフォーマンスは求められる」という話を聞きますが、それでは働きやすさも働きがいも失って当然です。B社では施策が組織に良い影響をもたらしましたが、実際には多くの会社が「働きやすさ」「働きがい」のバランスが盲点となり、期待する組織像に近くことができていない現状にはこうした背景があると考えます。

組織への関心と想像力が、施策の成否を分ける

A社とB社、ふたつのケースを通じて施策の成功と失敗を特に分けるものが見えてきたのではないでしょうか。施策が組織に与える影響を評価する3つのP、Pressure「圧力」、Purpose「目的」、Productivity「生産性」の中でも特に、Purpose「目的」、Productivity「生産性」は重要です。「目的は受動か能動か？」といった二者択一ではなく、比率で捉える。つまり、

少しでも「良くしたい」という姿勢を施策の導入時や検討時に備えているかが重要となります。また、施策を導入してから生産性の効果測定をするのでは遅く、施策導入前にある程度、施策の導入による影響や期待したい効果を考察出来ていたかどうかも成否に深く関係します。

在宅勤務の影響はコロナの前後で変わった

改めて、在宅勤務を例に新型コロナウイルス感染流行以前（以下、コロナ以前）に取り入れられた在宅勤務と、新型コロナウイルス感染拡大防止の目的で多くの企業で導入された在宅勤務がどう異なるのか、組織に与えた影響を考えていきます。

コロナ以前の在宅勤務は業務環境の適応条件が前提にあった

在宅勤務制度をコロナ以前に取り入れている企業はありました。しかし、コロナ以前に在宅勤務が導入された背景のほとんどは、「圧力」が強くなく、あったとしても人材採用難という自社・業界要因が主であり、労働価値の変化も影響としてはそれほど大きくありませんでした。

「目的」としては、施策導入を通じて優秀な人材の確保や、人材の多様性によるイノベーション、業務の効率化などでした。「今後の組織を良くしたい！」「会社を強くしたい！」といった能動的な姿勢によることが多く、受動と能動の比率としては能動がほぼ１００％という状況でした。

施策が組織に与える影響となる「生産性」については、コロナ以前に在宅勤務を導入していた組織は、元々「働きがい」がある程度高く保たれていて、かつ在宅勤務でも業務のしづらさが生じない適応条件が備わっていました。これは生産性を考える上で重要な点です。適応条件が備わっているということは、つまり業務のしづらさが生じない業務設計があると

コロナ前のリモートワーク（成功例）

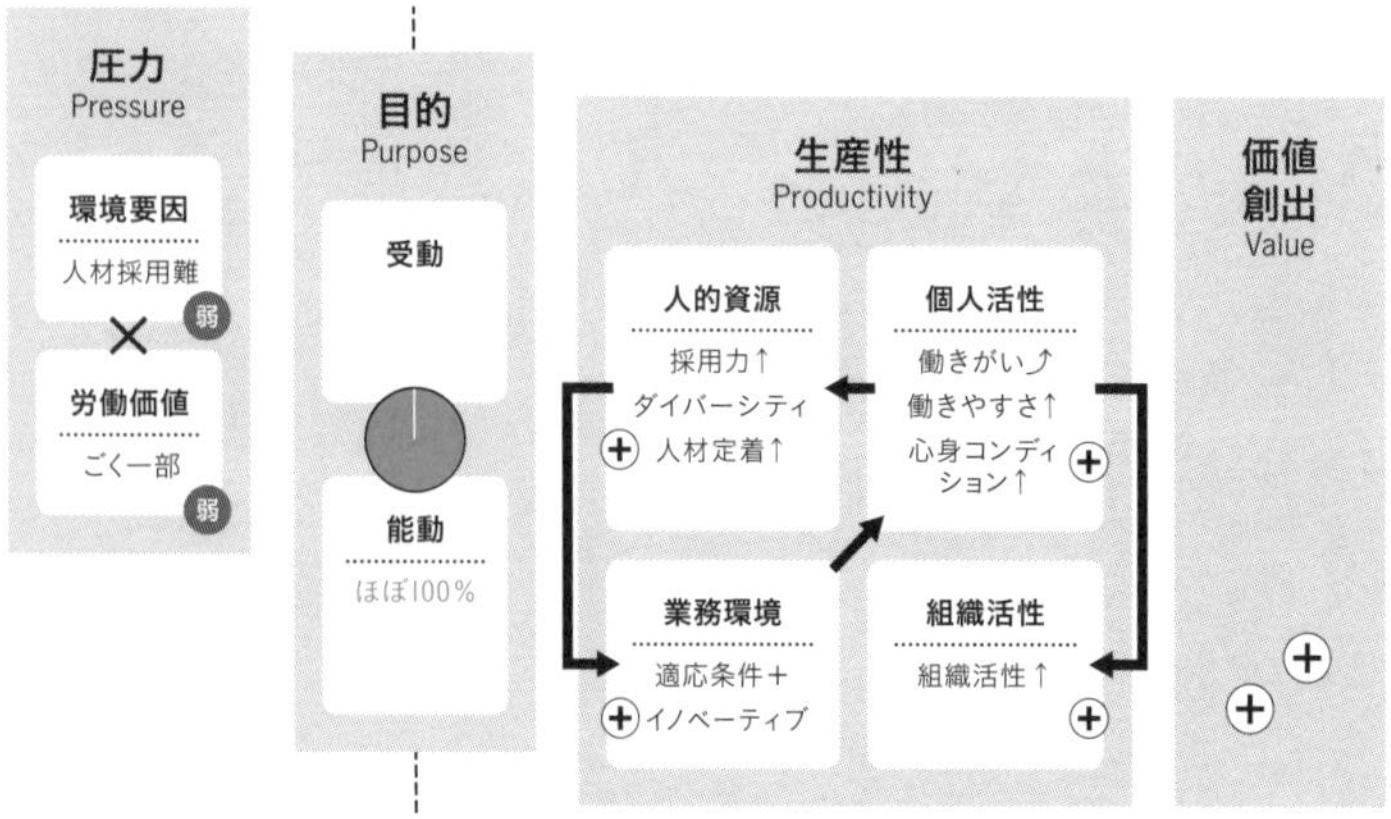

いうことです。職務が明確に定義されている「ジョブ型雇用」や、個人完結型の業務であること、コミュニケーションツールを含めた業務遂行上のツールや社内ルールがある程度整っていたと考えられます。

適応条件や元々個人活性がある程度担保されていたからこそ、組織活性も高い状態がキープされていました。なおかつ本来の主目的であった「人材確保」の面でも、そうした働き方を求める人材が狙い通り集まってくる、そして人材が多様化し、組織にイノベーションが生まれる好循環が最終的にもたらされていたと考えます。IT企業で在宅勤務を導入している会社の狙いの多くはここにあります。

おそらくコロナによってこれから在宅勤務を積極的に推進していこうと考えている企業のなかには、施策が組織にこのような良い影響をもたらすことを期待して検討している企業もあるのでしょう。

業務環境の適応条件があっても、一歩間違えればぶら下がり化を招く

ただし、コロナ以前に在宅勤務を導入した企業でも失敗例はあります。「圧力」は同条件であり、業務の適応条件もあったとしても、快適さに満足したことで「働きやすさ」だけが上がり、「働きがい」が下がったことで「ぶら下がり」社員が増えてしまった例です。B社の事例で解説したように、「働きがいを伴わずに働きやすさだけが上がった」ことで組織活性のバランスが崩れ、社員のぶら下がり化を招いてしまうのです。

表面的には、働き方に惹かれた人材が集まるため採用は盛り上がります。しかし、働きがいが必要な優秀な人材や、成長意欲が高い人材にとっては面白くない環境と化し、優秀人材の離職も発生し易くなるのです。人材の転入と転出が続くといった、不健全な人材の

コロナ前のリモートワーク（失敗例）

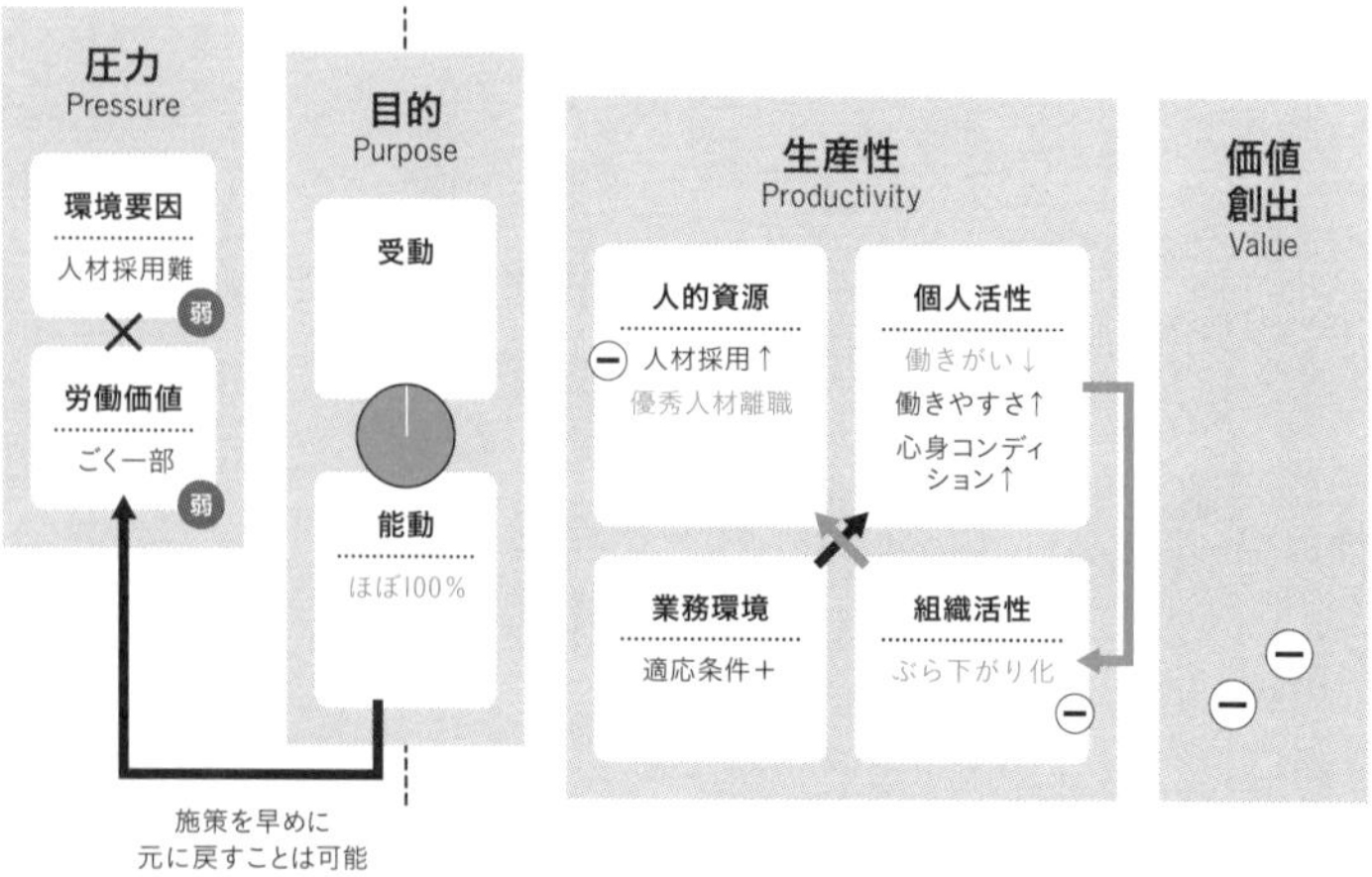

インアウトが発生することで、中長期的には優秀人材は減り、ぶら下がり社員が蓄積。さらに、社歴が浅い社員ばかりが増え、中間マネジメント層が薄いといった「組織のやせ細り現象」が見え始めるのです。

コロナ以前の在宅勤務であっても、施策が組織に良い影響を与えるか否かは一概に断定できません。社員のぶら下がり化や組織のやせ細り現象という副作用に悩まされている会社が多いのが現実です。いずれにしても、施策が組織に与える影響によって価値創出は変化していきます。本章の冒頭で申し上げた通り、この施策が正しいという結論に至るまでにはかなり中長期的な経過観測が求められ、組織運営にはトライアンドエラーをくり返す覚悟がますます求められています。

コロナ後の在宅勤務は、プラス効果を得た会社より組織のパワーを失った会社の方が多い

では、新型コロナウイルス感染拡大防止を目的とした緊急事態宣言時（以下、コロナ直後）に導入された在宅勤務はどうでしょうか。時間軸としては、２０２０年3月末〜4月頭を想定して考えてみます。

コロナ直後に導入された在宅勤務は、明らかに「圧力」が強い状態でした。特に環境要因としては、図の通り、感染症対策と国や都からの要請という、自社ではどうしようもない強烈な外的圧力がありました。この時点では「そろそろうちの会社も在宅勤務に切り替えるだろう」と期待を胸に抱いていた社員もいたかと思います。ただ実際には、「できる」という感覚よりは「これからどうなるんだ」という不安の方が大きかったと考えます。

「目的」については、受動的な姿勢しかなく、「会社として対策せざるを得ない状況」であ

コロナ直後（緊急事態宣言時）のリモートワーク

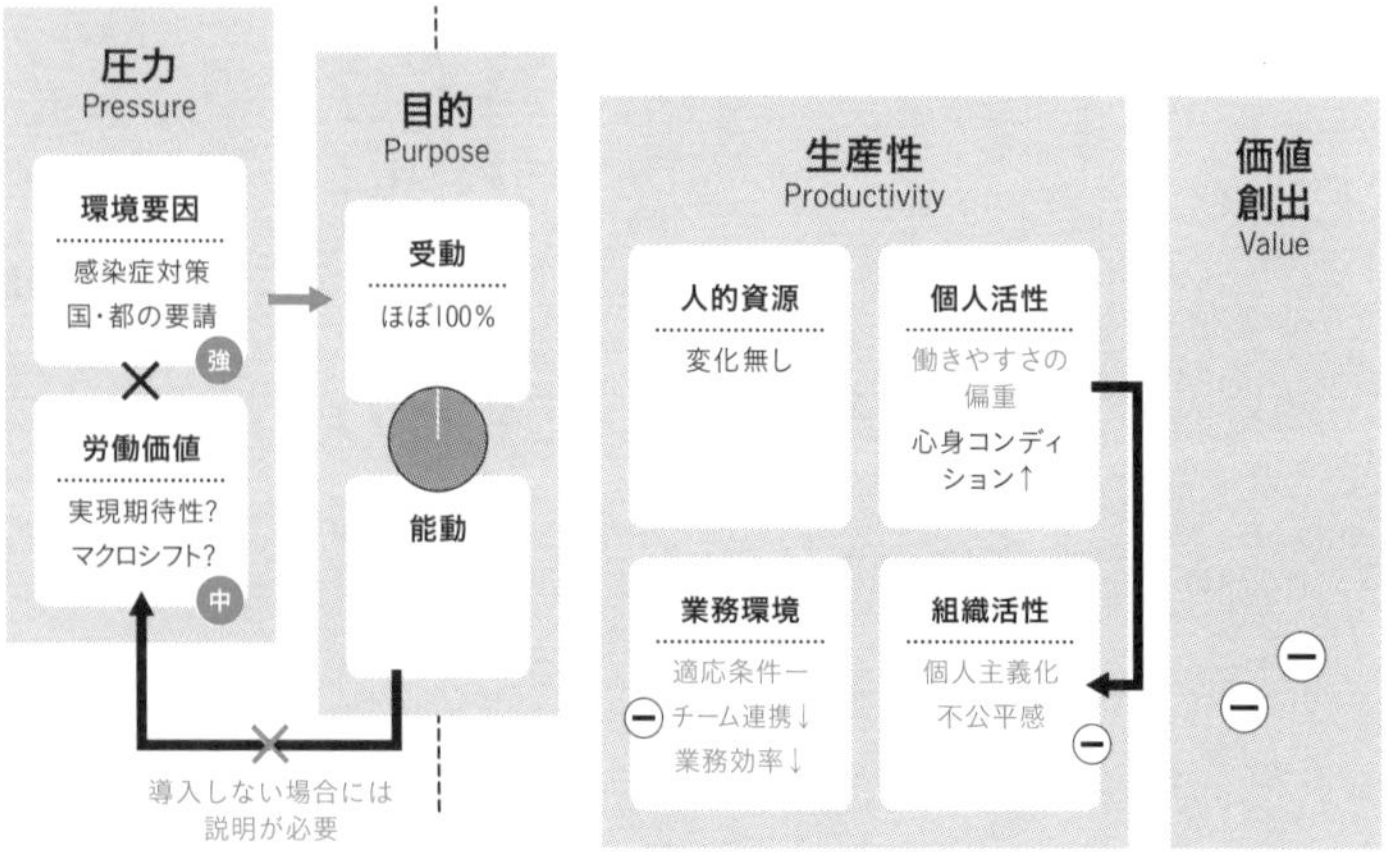

ったのは各社共通です。この時点で「会社をよくするために！」と考えていた会社の方が少ないでしょう。導入することが目的であり、施策が組織に与える影響を考える時間的猶予はまったくなかったといえます。

「生産性」はどうだったのでしょうか？コロナ直後に在宅勤務を導入したことにより、人的資源にプラスの効果があったという会社はほとんどなく、「事業と雇用を守る」ことの方が会社にとって重要なテーマでした。何より、コロナ直後の在宅勤務は組織に大きな混乱をもたらしました。そもそも業務の適応条件が整わない中で、半ば強制的な在宅勤務や、オンラインツールへの適応、マネジメント方法の検討により、業務効率もチーム連携も下がって当然です。在宅によって通勤の負荷が減り、個人活性の心身コンディションは上がったかもしれませんが、逆に安全かつ快適に働きたいという思いを抱く社員も増え、A社のような職種間の不平等感情や、職務の個人主義化が露呈した会社もあったのではないでしょうか。

当然こうした状況下では、施策が組織に与える影響はプラスの効果よりもマイナスの影響の方が大きく、結論として社会や顧客に提供する価値創出にも影響したと考えられます。

「導入しない」という判断には、明確な理由の説明をセットに

コロナ直後には多くの会社が在宅勤務を実施しましたが、当社をはじめ、在宅勤務がもたらす組織への悪影響を早めに察知し、オフィス出勤に戻した会社も多くありました。A社の事例にあったように、コロナ直後の在宅勤務を経て、「このまま在宅勤務を続けたい」という希望や「時差出勤や交代勤務はしばらく継続したい」という社員の圧に悩んだ会社

もあったと思われます。

こういった労働価値の変化による圧力も深く関与していたため、緊急事態宣言が解除されたから早々にオフィス出勤に戻す、という理由付けでは納得されません。会社として組織へのどのような影響を考えたうえで導入しないと判断したのか、明確な理由付けをする必要があります。

2章で触れた通り、社員の「できる」は実現期待性、会社の「できる」は実現可能性です。会社は、先に述べた「生産性」やその先にもたらされる「価値創出」を見据えて「できる」と判断します。だからこそ、社員の意見を理解したうえで、「○○だから導入できない」という明確かつ整合性のある理由も発信しなければ、社員は不満を抱え、会社との精神的距離が遠くなってしまいます。施策が組織に与える影響を評価することは、ただ単に組織が良くなった悪くなった、価値創出が生まれた減ったという話で終わりません。組織で働く人のココロの変化にも配慮するということでもあるのです。

コラム 個人活性と組織活性は関係し合う

組織活性は、個人活性の集合体であり、「心身コンディション」「働きやすさ」「働きがい」のバランスが重要です。個人のマイナス感情が他の人に伝染し組織活性に影響をもたらすこともあれば、組織活性の低下が個人のマイナス感情の引き金になることもあります。個人の労働価値が変化していくことで、従来通りの組織活性を維持することが難しくなることもあります。

このように、個人活性と組織活性は相互作用を持っているということについて、事例を見ながらもう少し説明します。

個人と組織の関係性 ケース❶

個人活性の落ち込みが組織活性にも影響

忙しすぎて、限界 管理職A

管理職Aは営業チームのマネジャーとしてチームマネジメントに励んでいる。和気あいあいとした雰囲気のチームで、通常それほど残業は多くなく、メリハリを持って働いていた。しかしここ最近は、新サービスの発表やメンバーの入れ替えにより営業チームが以前より忙しくなっていた。会社からは長時間労働の削減目標が言い渡されており、誰も手が付けられない業務については長時間労働削減の対象外であるAがすべて対応。そんな日々が2か月経過したころ、Aを筆頭にチームの疲弊感は急上昇。A自身、長期間にわたる疲労からイライラすることが多くなり、時には「お前らがやらないから俺がやるしかない。限られた時間でもっと頑張れよ」といったネガティブな言動も出てきている。部下からは、「俺たちだって頑張っているのに」「業務マネジメントはAさんの役割じゃないか」と不安な声が上がってきている。

ケース①の解説

このケースでは、業務負荷の「急増＋長時間労働」という理由から、個人活性における働きやすさの低下に加え、心身コンディションの低下が発生しています。その状況が長期間継続することによって、心身コンディションはさらに悪化。疲労感からくる精神的余裕のなさが言動にも影響を及ぼし、チーム全体の雰囲気の悪化、つまり組織活性における「働きやすさ」にも悪影響を及ぼしています

個人と組織の関係性 ケース❷

組織活性の低下が個人活性に影響

「良かれと思って」が裏目にＹ社

Ｙ社は人間関係が良く、既卒3年以内の離職率も0％。マネージャー層の人材育成も上手くいっており、チームで成果を出すという意識が強い会社。そんなＹ社だが、1年前から在宅勤務やフリーアドレスを積極活用している。というのも、ここ2年で社員が急増しており、オフィススペースが不足してきているという事情がある。人事は「社員の自律性を高められるし、他部署との交流も増える。働き方を工夫するのはいいことだ。会議はオンラインでも出来るし必要ならオフィスに来てもＯＫ」と考えていた。当初施策は順調に見えていたが、施策導入から3か月が過ぎたころ一部社員からは「元の働き方に戻りたい」「成果を公平に見てもらえていない」「誰が何をしているのか、情報共有がしづらい」「個人主義的な働き方がしたくて入社したわけじゃない」と不満の声が続出。さらに、会社が期待を寄せている社員の離職が相次ぎ、Ｙ社が本来持っていたチームワークは目に見える形で崩れていった。

ケース②の解説

在宅勤務やフリーアドレスは働きやすさを向上させることもありますが、Y社のように施策が逆効果になり働きづらさを生み、本来持っていた働きがいまでも低下させてしまうこともあります。特にY社の場合には、元々関係性がよく、チームがその場に集まることで成果を上げていました。オンラインでも確かに同じような「業務」はできますが、そこで働く社員の労働価値が「楽しく働けること」「役に立てること」といった働く上での人間関係やふれあい、居場所感を大切にしていた場合には、在宅勤務やフリーアドレスによってその価値が崩されたとも思われかねません。施策によって労働価値が失われたことで、本来組織にあった働きがいが低下し、やがて個人活性にも影響を及ぼした事例といえます。

このように個人活性と組織活性は相互作用を持っています。

4章のまとめ

能動的な目的、生産性への考察の深さが成功へのキー

施策が組織に与える影響を評価するためには、PPPフレームを用いた評価が重要。

PPPフレームを通じて、施策が組織に与える影響を評価し、施策の最終ゴールである「価値創出」に繋がったのか否かについてロジックを用いて理解していくことは、自社の現状を正しく捉えることに繋がる。今後の組織運営を悩む前に、まずは「現状を知る」ことが重要であるため、本章ではすでに導入した施策についての評価を実施した。

また、組織にとっての施策は、会社が創出する価値向上に繋げるための手段である。だからこそ、施策を成功に導くためには、能動的に施策に取り組むこと、また施策が生産性に与える影響を考察することが重要。つまり、施策を導入してから効果測定をするのでは遅く、施策導入前にある程度の影響や期待したい効果を考察出来ていたかが重要といえる。

施策が組織に与える影響を評価するPPPフレーム

[Pressure：圧力]

圧力は、会社として「施策を検討せざるを得ない状況」なのかどうかを評価。関係する要素は大きく分けて「環境要因」と「労働価値」があり、内外の圧の強さを考える。

[Purpose：目的]

目的は、「施策に取組む姿勢」を評価。つまり、施策導入に対して、会社としてやらざるを得ないから仕方なくやるのか？　何かしら良いことを求めてやるのか？　という姿勢の違いを捉る。「受動」と「能動」があるが、どちらかということではなく、比率で捉える。

[Productivity：生産性]

生産性は、「組織として価値創出に繋げるだけのパワー（組織力）を、施策を通じて得ることができるのか？　それとも失ってしまうのか？」を評価。関係する要素は「人的資源」「業務環境」「個人活性」「組織活性」の4つ。施策がこれら4要素にもたらす影響を予め深く考察しておく。

第5章

フレームワークで施策の導入可否を判断する

施策の影響を深く考察する力を手に入れる

「判断の軸」と「取り組む勇気」を手に入れる

第4章では、PPPフレームを用いて施策が組織に与える影響を評価しました。また、施策を成功に導くためには、施策に取り組む目的の「能動」の比率を高めること、そして施策が「生産性」に与える影響について、ある程度事前に考察しておくことが重要であるとお話ししました。

5章では、これから施策の導入を検討する際に、施策導入の可否について考える際のプロセスを解説していきます。

まさに、「組織運営を変えるのか、変えないのか……さてどうする?」に答えを出します。

この「さてどうするか?」といった悩みは、コロナを通じてより一層経営者や人事担当者にとって深くなっています。本章を通じて、施策導入時におさえるべき思考フローを理解することで、これから導入を検討している施策に対して、導入するかしないかの「判断軸」と組織運営に対して前向きに取り組む「勇気」を手に入れるきっかけになれば幸いです。

その施策は組織を滅ぼさないか?

第4章の「既に導入された施策」とは異なり、第5章では「これから導入を検討する施策」に焦点を当てます。導入を検討している施策がない……という方は、導入し始めて日が浅い施策に当てはめてください。「その施策が組織を滅ぼさないか?」という可能性について、考察してきます。会社が求めるべきゴールである価値創出を達成するためには、それを生み出せる組織力が必要です。そのために、「施策が組織にプラスの効果を与えるのか」「逆にマイナスの効果をもたらすのか」を分析し、施策の導入可否を考えていきます。

施策が組織に与える影響の考察と聞くと、「想像の世界」と捉える方もいるかもしれません。しかし、その「想像力」と、施策が組織に与える影響への「関心」、このふたつがないことでうまくいっていない組織を、これまで多く目にしています。

組織運営を「変えるのか？　変えないのか？」。私も経営者として日々悩み、関わっている顧客企業の経営者・人事担当者のみなさんも非常に悩んでいる事案です。とりあえずやってみて柔軟に方向修正するのも間違いではないですが、組織運営がもたらす「変化」は時に社員を疲弊させ、意図に反して組織を悪い方向に導いてしまうこともあります。

ケースを通じて、「組織運営を変えるのか、変えないのか……さてどうする？」を一緒に考え、施策の成功確率を高めていきましょう。

施策影響の見える化に挑む「施策導入、さてどうする？」フロー

ここでは、「施策導入、さてどうする？」フローを用いて、施策導入が組織に与える影響に

ついてプロセスを通じて考察していきます。まずはフローの流れについて簡単に説明します。

STEP❶「圧力分析」

圧力分析はPPPフレームで紹介した「圧力」（環境要因と労働価値）を通じて、次の2点を考えます。

① 内外から受ける圧の強弱について
② 会社がその施策を検討するうえで置かれている環境について

ちなみに、内外の圧が高い場合には施策の導入を回避することがかなり難しくなることが予測されます。

「施策導入、さてどうする？」を考える以前に、施策を導入しなければいけない状況も場合によっては発生しうるということを覚えておいてください。

STEP❷「生産性への影響分析」

検討している施策が、組織の「生産性」（人的資源、業務環境、個人活性、組織活性）に

どのような影響を与える可能性があるのか。施策によって得たい効果を軸に、「もしも」の立場に立って考えていきます。主に次の2点を中心に考察していきます。

①もしも施策が生産性に良い影響を与えるなら……

②もしも施策が生産性に悪い影響を与えるなら……

STEP❸「決定因子分析」

検討している施策が組織の生産性に良い影響を与える結果をもたらすために、「現状、会社は何らかの対応を必要としているのか」「もし必要としている場合は、その対応ができるのか」を分析することで、施策によって生産性に良い影響が与えられるのか、それとも悪い影響となってしまうのか、などの予測ができるようになります。

最終判断「さてどうする？」の評価

STEP1～3までの分析結果を用いて、「施策導入、さてどうする？」の結論を導きだ

施策導入、さてどうする？ フロー

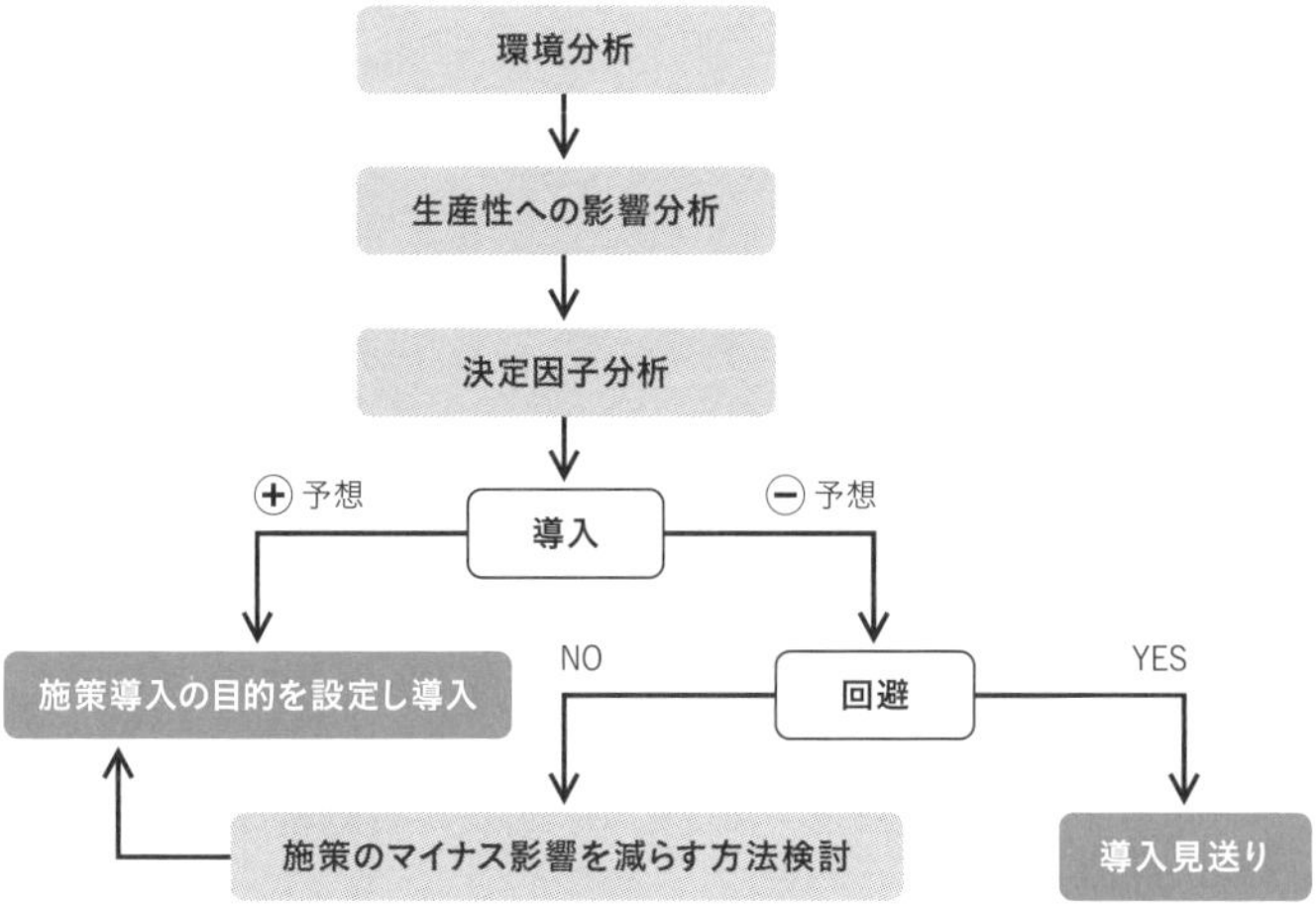

します。各ＳＴＥＰで考慮すべきことは他にもありますが、詳細についてはこれから紹介する４つの企業のケースを通じて解説していきます。

現代の多くの企業が導入を悩んでいる施策について検討していきますので、もし自社に近いケースがあれば、「うちの場合はどうだろう？」と、自社に置き換えて考えてみてください。

ケース1 在宅勤務とオフィスの有効活用に挑戦!

Webサービスを扱うIT企業

株式会社ザイタは創業15年のIT企業。エンジニア職とその他職種含め社員数は350名ほど。平均年齢は31歳と、若手中心のイケてる会社だ。

ザイタでは在宅勤務制が既に導入されており、育児や介護の都合でオフィス出勤が難しい社員を中心に活用されていた。普段から在宅勤務のメンバーとのオンラインコミュニケーションには慣れており、新型コロナウイルス感染流行時もスムーズに在宅勤務に全面移行した。6月からも出社率は原則40%という目標のもと在宅勤務を継続していた。在宅勤務に関する社員の評判は様々で、快適という人もいれば、オフィスに早く戻りたいという

ザイタ社で行われたアンケートの結果

	社員からはこんな意見が……
在宅勤務に期待すること	・集中したい業務や効率よくやりたい仕事は在宅の方が捗る ・個人で完結できる業務はオフィスに行く理由がない ・場を拘束されないので時間を有効活用でき、勉強する時間が増えた ・1対1の少数ミーティングはリモートで十分 ・大勢のミーティングはスケジュール調整の煩わしさや、密を防ぐためにも、リモート参加の方がメリットが多い
オフィスに期待すること	・コラボレーションやアイデアは直接の対話から生まれると思う ・制作会議やマーケティング企画は話しながらやりたい ・事務系職種はオフィスにいた方が効率よく仕事ができる ・自宅には仕事に集中できる環境は作れないからオフィスに行きたい ・対面を希望する顧客との打合せの場としてオフィスは必要

意見を持つ人もいた。

人事部としては、政府方針と感染状況を見ながら徐々にオフィス出勤に戻していく方針だったが、社員の中で「オフィスのあり方について柔軟に対応できるといい」という意見が目立ち始め、オフィス出勤に戻す案と並行して、目的に合わせたオフィスのあり方についても検討する流れとなった。オフィスと在宅それぞれを有効に活用することが、社員の定着や多様な人材の確保につながり、新たなイノベーションを生み、顧客への価値提供や自社成長につながるのではと期待をしている。

そこで、社員にアンケートを取り、オフィスに何を期待しているのか、オフィ

スにいる意味はどこにあるのかを聞いた結果、167ページの表のような意見が集まった。そこに経営方針を照らし合わせて、今後の組織運営を決定していこうと考えている。

❶「圧力分析」↓内外からの圧は強め

ザイタ社の場合、施策を検討するうえで置かれている環境はどうでしょうか？

［ザイタ社 人事担当者による分析］

感染対策の要請があるので、環境要因としての圧力は高いだろう。労働価値については、元々一部社員に対して在宅勤務制度が導入されていたということもあり、コロナを通じて社員の「できる」「業務に支障はない」という感覚は加速したと考える。「オフィスの解約」「どこでもオフィス」「オープン会議スペース」など、ニュース記事に対する社員同士の雑談もよく耳にするため、働く場に柔軟性があるのがこれからの時代だという感覚が強い様子。環境要因以上に、自社としては社内からの圧が高い状態だろう……

ザイタ社Ⅰ. 圧力分析

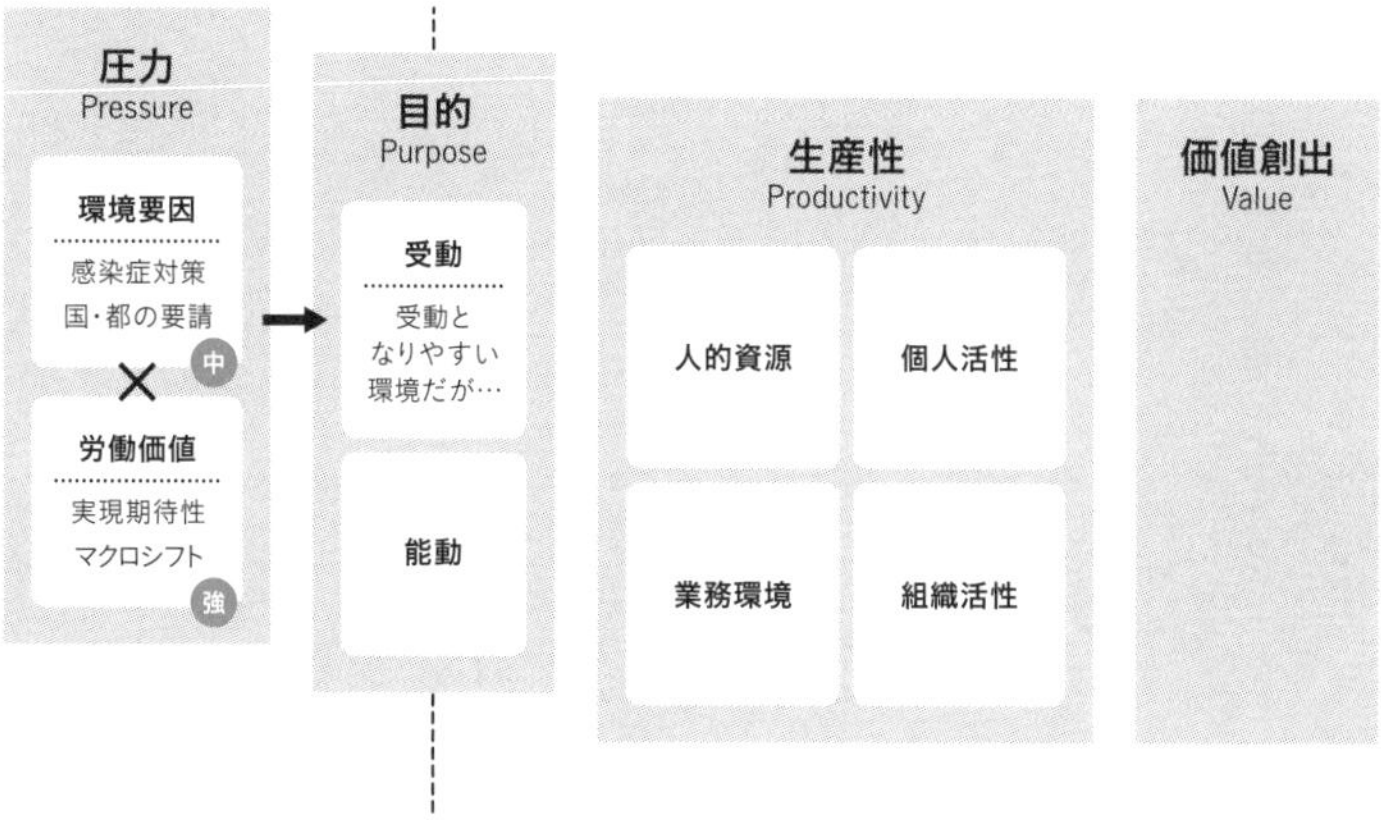

［解説］

人事担当者の分析の通り、感染対策の要請といった外からの圧もありますが、それ以上に注意すべきは労働価値の変化に伴う圧力、つまり社内からの圧の高まりです。実際に在宅勤務を経験し、社員の「できる」という実現期待性は上がり、「オフィスのあり方」への価値観も変わってきています。

こうした社内の圧力が高い状態になると、「社会全体の動き」＋「社員の要望」という面から、施策導入の「目的」は初めはどうしても受動的に「何か取り組まねば」という姿勢になる傾向があります。

ここでひとつ注意です。それは、「目的」は全体評価を通じて最後に設定され

るものということです。ザイタ社では、これから施策を検討する段階に立っているので、施策検討段階では「目的」は未だ確定していません。「会社が置かれている環境下において、施策に取り組む姿勢はどちらになりやすいか？」の目安と捉えます。STEP1「圧力分析」によって受動が高い状態と判断できたとしても、能動の比率を高められるかどうかの判断も含めて、この先のフローを経て最後に「目的」を設定しましょう。

❷「生産性への影響分析」

ザイタ社のオフィス有効活用施策は、組織の「生産性」（人的資源、業務環境、個人活性、組織活性）にどのような影響を与えるでしょうか。成功シナリオ（もしも施策が組織に良い影響を与えるなら）失敗シナリオ（もしも施策が組織に悪い影響を与えるなら）それぞれについて考えていきましょう。

［ザイタ社 人事担当者による分析］

成功シナリオ：もしも施策が組織に良い影響を与えるなら……

ザイタ社2. 生産性分析

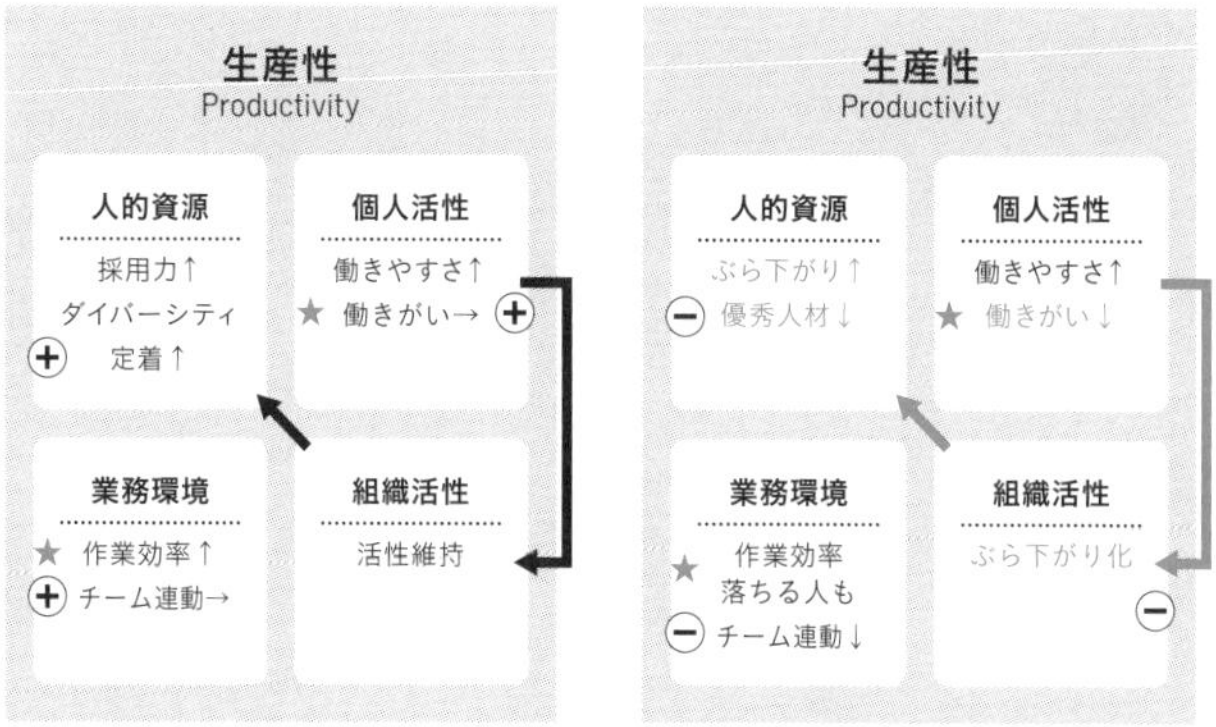

［成功］　［失敗］

働く場所が柔軟に選べることで、個人活性の「働きやすさ」は上がるはずと考えている。自宅では仕事に集中できないという社員もいるため、目的や状況に合わせて働く場所を選べる環境を作れたらいいと思っている。

「働きがい」については、従業員意識調査でも毎年高い値が出ていることから、それほど影響は受けないのではと考えている。働きやすさが上がって、今の働きがいが維持できれば、きっと組織活性も良い状態を維持できるだろう。

社員やチームにとって最も効率が上がる形で働けることで、業務効率やチームの連動も問題なく適応し、良い方向にむかうと思う。

働く場に選択肢が出来ることで、採用や優秀人材の定着といった人的資源の面にもプラスに影響すると考えている。ダイバシティにより、最終的には新たなイノベーションが生まれ、顧客への価値提供や自社成長につながることを期待したい。

失敗シナリオ：もしも施策が組織に悪い影響を与えるなら……

個人活性の「働きやすさ」が上がることはほぼ間違いないと分かるのだが、正直「働きがい」を維持できるかどうかはやってみないと分からない部分もある。在宅勤務により個人主義化が加速し、成果を出さずに居心地の良さだけで働く社員が増えてしまったら、組織はぬるい環境になり、活性は低下してしまうだろう。コロナ禍では「在宅勤務」のみだったから皆何とか乗り越えた感じもある。在宅勤務とオフィス勤務の選択肢を持って組織運営をするのは初めてなので、作業効率やチーム連動に悪い影響が出始めることも十分考えられる。

導入したら自然にうまくいくというものではなく、会社としてのルール作りやマネジメントメンバーへのフォローも行わないと、現場が混乱しうまくいかない可能性もあるように感じている。

［解説］

人事担当者の考察を通じて、施策の成否を分ける決定因子となるものがいくつか見え始めました。施策が組織の「生産性」にもたらす影響を考察すると、成否を分ける決定因子となるものは、次の3つです。

①働きがい
②作業効率
③チーム連動

ここで注意したいことは、失敗シナリオで考えられる組織活性の低下（一部社員のぶら下がり化）は予測される「結果」であり、重要なのは、それをもたらす原因となる「働きがい」へのアプローチが必要ということです。生産性分析の図の中で矢印の「元」にあるのが原因、「先」にあるのがその結果、というイメージとなります。原因と結果は明確に捉えたい部分です。

続けて、決定因子に対する会社としてのアプローチの要否と、対応可否の分析をしていきましょう。

❸「決定因子分析」

ザイタ社は決定因子に対してどのようにアプローチを考えていけば良いでしょうか。

［ザイタ社 人事担当者による分析］

生産性への影響の分析を通じて、働きがい・作業効率・チーム連動の３つが成否を分ける決定因子になることが見えてきたので、それぞれについて考えてみます。

働きがい：働きがいを維持・向上させる方法はあるか？

正直、働きがいを維持向上できるような仕組みまでは検討段階で具体的に考えていなかった……。

従業員意識調査では高めに値が出ているが、今後オフィス環境が変わる中で維持できるのかは正直定かではない。所属意識が高まる機会の設定や、評価方法の見直しなど含め、今

ザイタ社3. 決定因子分析

Q：アプローチが可能か?

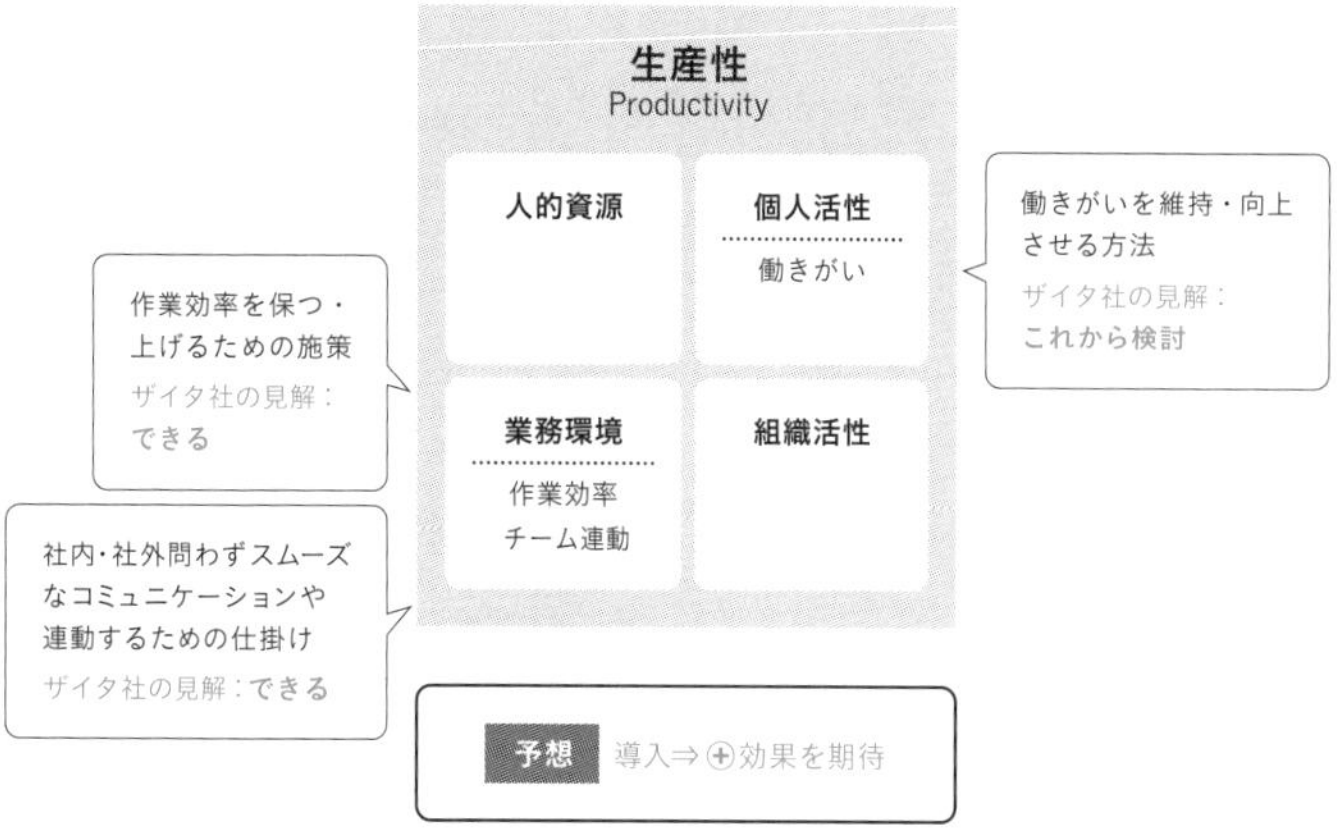

後継続して検討していきたい。

作業効率：作業効率を維持・向上させる施策はあるか？

数年前から在宅勤務環境を整える課題に取り組んでおり、実際に在宅勤務を行っている社員の意見も聞きながら整備してきた。仕事をスムーズ行うためのネットワーク環境やITツールなどは導入済。もし問題があれば作業効率については早急に対処できる自信がある。

チーム連動：社内外問わず、円滑なコミュニケーションが図れる仕組みはあるか？

作業効率同様に、元々一部在宅勤務で働いているメンバーがいることで、コミ

ユニケーションはチャットやオンライン会議システムを活用して運用している。定期的に直接顔を合わせる機会や、新しいメンバーの適応を促すようなコミュニケーションの場は設定していけると考える。

［解説］

働きがいに対するアプローチが検討段階で不足していたようですが、全体的にアプローチは可能で対応もしっかりと進めていくことができそうです。

このように、検討段階で見落としている因子がないか洗い出すことが、施策が組織（生産性）にもたらす影響を考察するということです。施策の成功と失敗を分ける因子の特定を行い、決定因子に対して会社としてアプローチできるかどうかを見極めれば、「施策導入、さてどうする？」の答えは自然と導かれます。

「施策導入、さてどうする？」の評価

これまでに見てきた「圧力分析」「生産性への影響分析」「決定因子分析」の分析結果を用いて、施策導入の結論を導きだしましょう。

［ザイタ社 人事担当者は決めた］

決定因子の分析を経て、オフィスの有効活用という施策は組織にプラスの影響を与える可能性が高いことが見えてきた。働きがいを維持向上させる施策は引き続き検討が必要だが、施策導入しない方が良い理由はなさそうだ。オフィスと在宅をそれぞれ有効活用することで組織力を上げ、「多様な人材が働きやすく、長く働きたいと思える会社にする」を目的に施策導入を進めたい。それはきっと自社の成長、価値創出につながるだろう。

［解説］

ザイタ社では、オフィスの有効活用施策を導入するようです。施策導入時は、最後に全体評価を通じて「目的」を設定しましょう。具体的には、その施策に取り組む姿勢の受動と

最後に導入する場合の目的設定を!

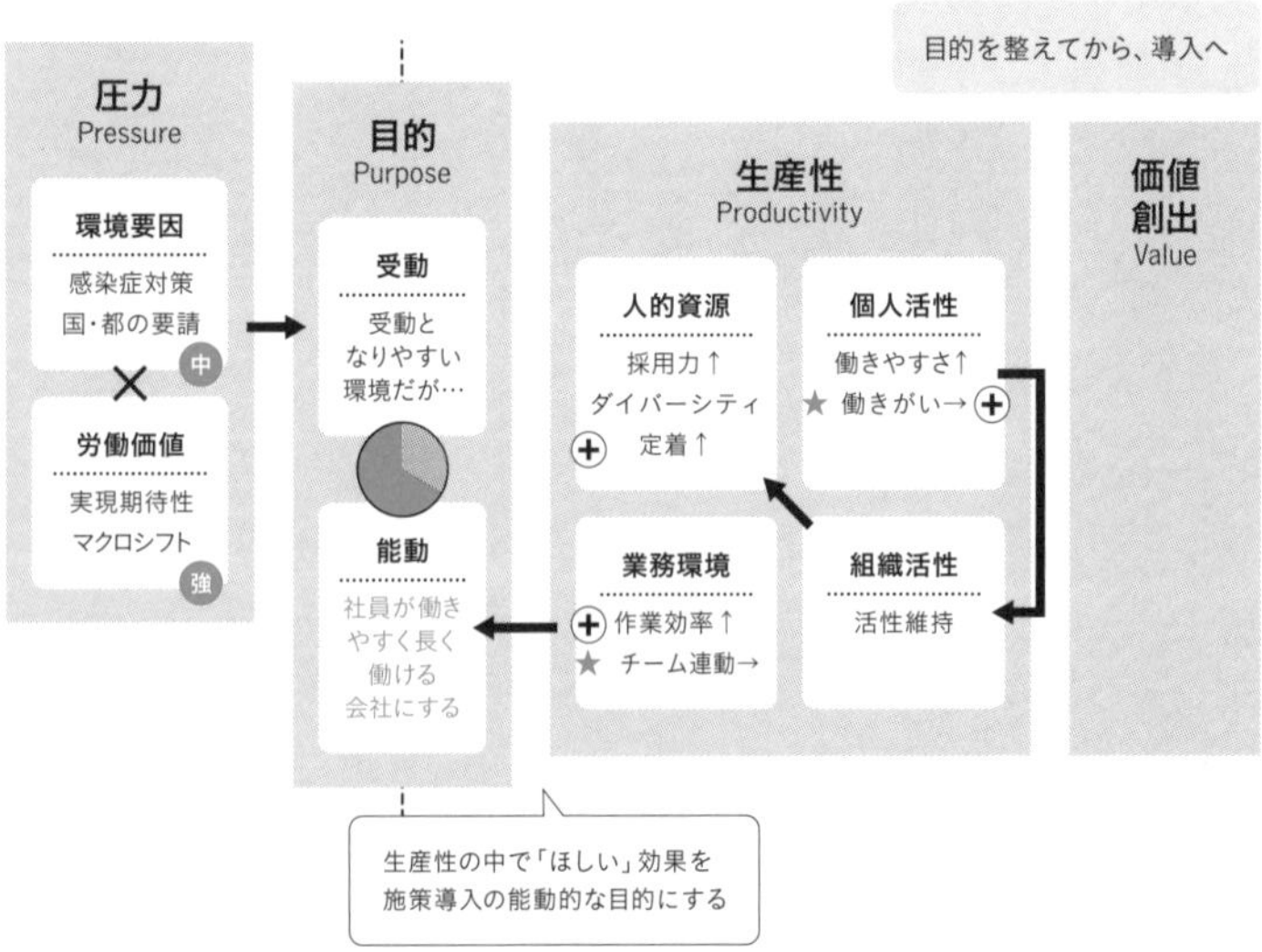

能動の比率を設定します。その際には、単純に組織を「良くしたい！」というスタンスではなく、施策の導入によって期待する効果を、施策導入の能動的な目的にします。

とはいえ、社会情勢の変化が大きい現代では、最初から完璧な能動性を伴う目的を設定するのは難しいものです。生産性や決定因子への考察も踏まえ、施策を導入するべきかやめるべきかを悩んでいる最後のときに背中を押してくれる目的設定ができれば、前向きに取り組めるでしょう。

ザイタ社の場合は、「社員の働きやすさの向上」と「社内人材のダイバシティ向上によってもたらされるイノベーションの可能性を上げる」のふたつを能動的な目的として、在宅勤務およびオフィスの有効活用に関する施策を導入することとなりました。

しかし、施策導入の検討は、かならずしも「導入」がゴールになるともかぎりません。続いてのケースは、ザイタ社のようにすっきり「導入できる」とはいかないケースです。

ケース2 オフィスの有効活用にはやはりフリーアドレスしかないのか!?

人材紹介を扱う企業

フリーキャリア株式会社は創業25年の人材紹介企業。人材規模はグループ会社含めて500名程。その大半が営業社員だ。フリーキャリアではここ数年で従業員数が1・5倍に急増したこともあり、オフィスの移転を検討している。席は手狭で、かつミーティングルームが足りないために、都合の良い時間にミーティングを行うというよりは、ミーティングルームが空いているかどうかによってスケジュールを調整しなければいけないという不満も多く寄せられていた。さらに、もともと営業社員は日中にオフィスにいる時間が少ないということもあり、今話題のフリーアドレスを上手く活用してオフィス空間を有効活用

フリーキャリア社で行われたアンケートの結果

社員からはこんな意見が……	
フリーアドレス賛成派	・他部署と話す機会が増えてコミュニケーションが円滑に ・様々な意見・アイデアを貰いやすくなった ・ちょっとした打合せならフリースペースで出来るので、会議室調整が不要になった ・みんなの場所ということで、きれいに使う意識が高まり清潔になった ・意思決定がはやくなった
フリーアドレス否定派	・誰がどこにいるか分からない ・同じ部内のメンバーにちょっと聞きたいことでもテキストが優先され面倒 ・フリーアドレスといいつつもいつも同じ場所を使う人がいる ・打合せされてると横に座りづらく結局場所がない ・集中して作業できるスペースがほしい

したいと考えている。2か月前から一部フロアにて、フリーアドレスを試験的に導入。試験導入によって聞こえてきた意見も参考にしながら、フリーアドレスを会社全体に適用できるかどうかを人事部は検討している。

❶「圧力分析」↓自社要因による圧は強いが……

フリーキャリアの場合、施策を検討するうえで置かれている環境はどうでしょうか？

［フリーキャリア社 人事担当者による分析］

環境要因としては、「物理的にスペースがない」という自社要因による圧力が高め。試験的な導入を経ても、「できる」感覚よりは「本当に大丈夫なの？」という疑問の方が強く、社員が抱く実現期待性は高くない。そのため労働価値のマクロシフトは起こってはおらず、社員からの圧力は低いと考えている。

［解説］

置かれている状況としてそれほど圧力は強くなく、会社として「やらざるを得ない状況に置かれているか」というと少し疑問があります。物理的に場所がないからという理由を、やらざるを得ない「受動の姿勢」として捉えてもいいのですが、移転後の影響も考慮すると、場所がないからと迫られて行うべきかどうかは慎重な検討が必要そうです。

❷「生産性への影響分析」

フリーキャリア社のフリーアドレス施策は、組織の「生産性」（人的資源、業務環境、個

フリーキャリア社I. 圧力分析

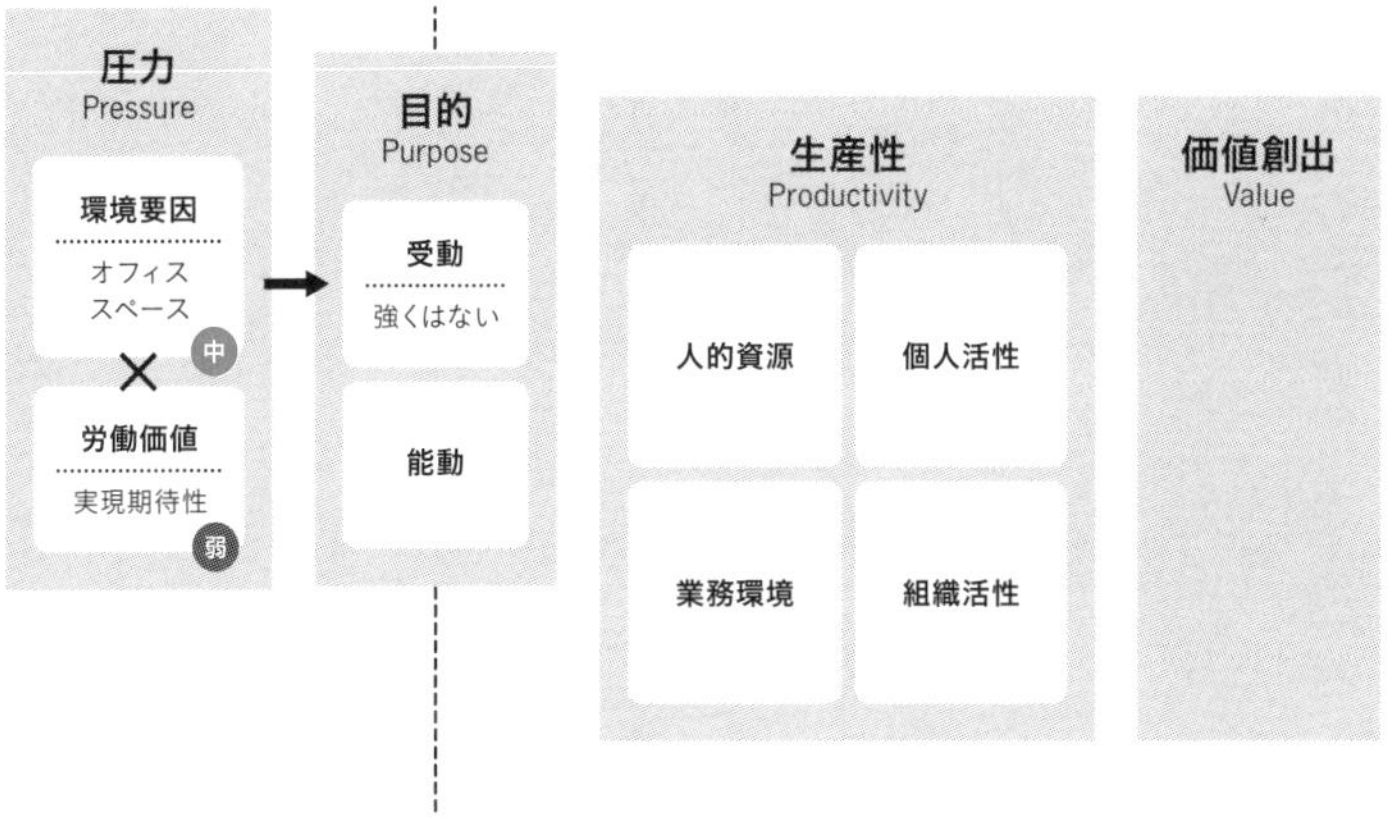

人活性、組織活性）にどのような影響を与えるでしょうか。

［フリーキャリア社 人事担当者による分析］
成功シナリオ：もしも施策が組織に良い影響を与えるなら……

社員から寄せられた「席が狭い」「会議室の予約が取りづらい」という不満をフリーアドレスで解消したい。業務環境については、物理的に会議スペースが確保できることで仕事のやり易さが生み出されるだろう。フリーアドレスになることで、これまで連携がなかった他部署のメンバーとの接点も増え、コミュニケーションも活発化するだろう。それらにより個人活性の働きやすさは上がり、働きが

いも上がるという相乗効果を期待したい。個人活性が組織活性の集合体であるならば、組織活性も向上していくことが期待できる。

アンケートにもあったように、社内の会話や意見交換が増え、意思決定もスムーズになれば良い事尽くしだが、そんなにうまくいくだろうか……正直不安はある。

失敗シナリオ：もしも施策が組織に悪い影響を与えるなら……

フリーアドレスで確かにスペースは確保できるが、副作用もあるだろう。アンケートと実態を見る限り、フリーアドレス導入によってコミュニケーションがしづらくなり、作業効率が低下しないよう、特に配慮する必要があるだろう。スペースの配分（集中できる場やミーティングの場など）は作り出せるが、コミュニケーションの悪化については避けたい。フリーアドレスが逆に現場の混乱を招いてしまったら、今よりも余計に働きづらくなり、各チームの一体感の喪失や、快適な席がないことによる居場所所感の喪失も懸念される。結果、組織活性の低下や離職リスクを高めるかもしれない……

［解説］

人事部の考察を通じて、施策の成否を分ける決定因子が見えたのではないでしょうか。

フリーキャリア社2. 生産性分析

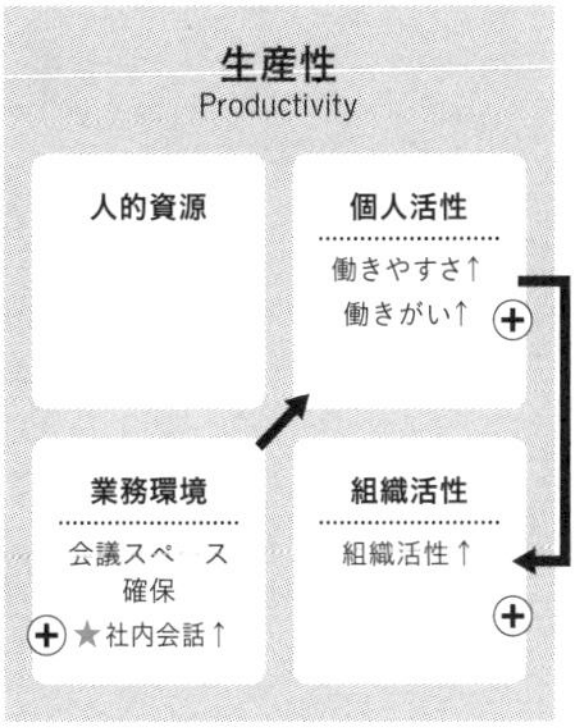

［成功］

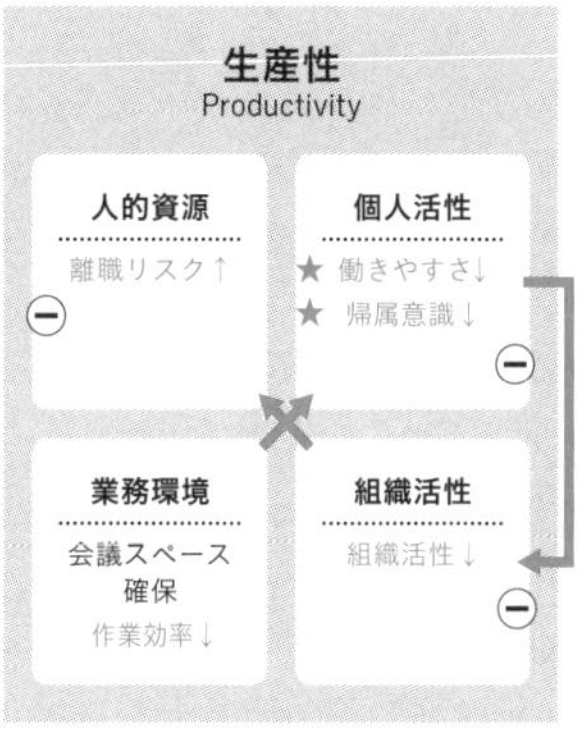

［失敗］

フリーキャリア社における施策導入の成否を分ける決定因子となるものは、次の3つです。

①社内会話
②働きやすさ
③帰属意識

続けて、決定因子に対して会社としてアプローチすべきかどうか、対応できるかどうかの分析をしていきましょう。

❸「決定因子分析」

フリーキャリア社は決定因子に対してどのようにアプローチを考えていけば良いでしょうか。

［フリーキャリア社 人事担当者による分析］

生産性への影響分析を通じて、社内会話・働きやすさ・帰属意識の3つが成否を分ける決定因子になることが見えてきたので、それぞれについて考えてみます。

社内会話：コミュニケーションを促進させる方法はあるか？

まだ考えが及んでいない状況。元々社内のコミュニケーションが活発という感じではない。仲が悪いわけではないが、和気あいあいというわけでもなく、落ち着いた雰囲気である。業務指示や進捗確認といった業務上のコミュニケーションは直接会話で行っており、オンラインツールは顧客企業や求職者との打ち合せ以外では活用していない。フリーアドレスになると、オンラインツールへの適応も求められるうえ、会話の頻度や密度も減っていくことが十分予想される。社員の傾向を見ても、コミュニケーションを積極的に図るメンバーは一部に限られることから、コミュニケーションの促進には苦戦する可能性が高いと感じる。

働きやすさ：働きやすさが損なわれない仕掛けはあるか？

具体化は出来ていない状況。「今日はこの場所で働いています」という申請や、オンライン上で見える化するような仕組みを一案として考えているが、毎回席を選ぶのが面倒になり、いずれは固定化する可能性が高い。これまで部門別にレイアウトを分けて働いていたため、フリーアドレスにより誰がどこにいるのか分からなくなり、やりづらさが100%出てくると予想。適応に対する反発が強く、働きやすさは一時的に大幅低下することが予想される。

帰属意識：チームの一体感や居場所感の喪失を防ぐための施策はあるか？

具体的な施策はない。元々、帰属意識がすごく高い傾向ではないため、自席の有無で大きくは変わらないとは思っている。ただ、場になじめないメンバーや、業務がある程度独立しているメンバーにとっては、所属の意識が薄れ、個人主義的な働き方への意識が高ま

フリーキャリア社3. 決定因子分析

Q：アプローチが可能か？

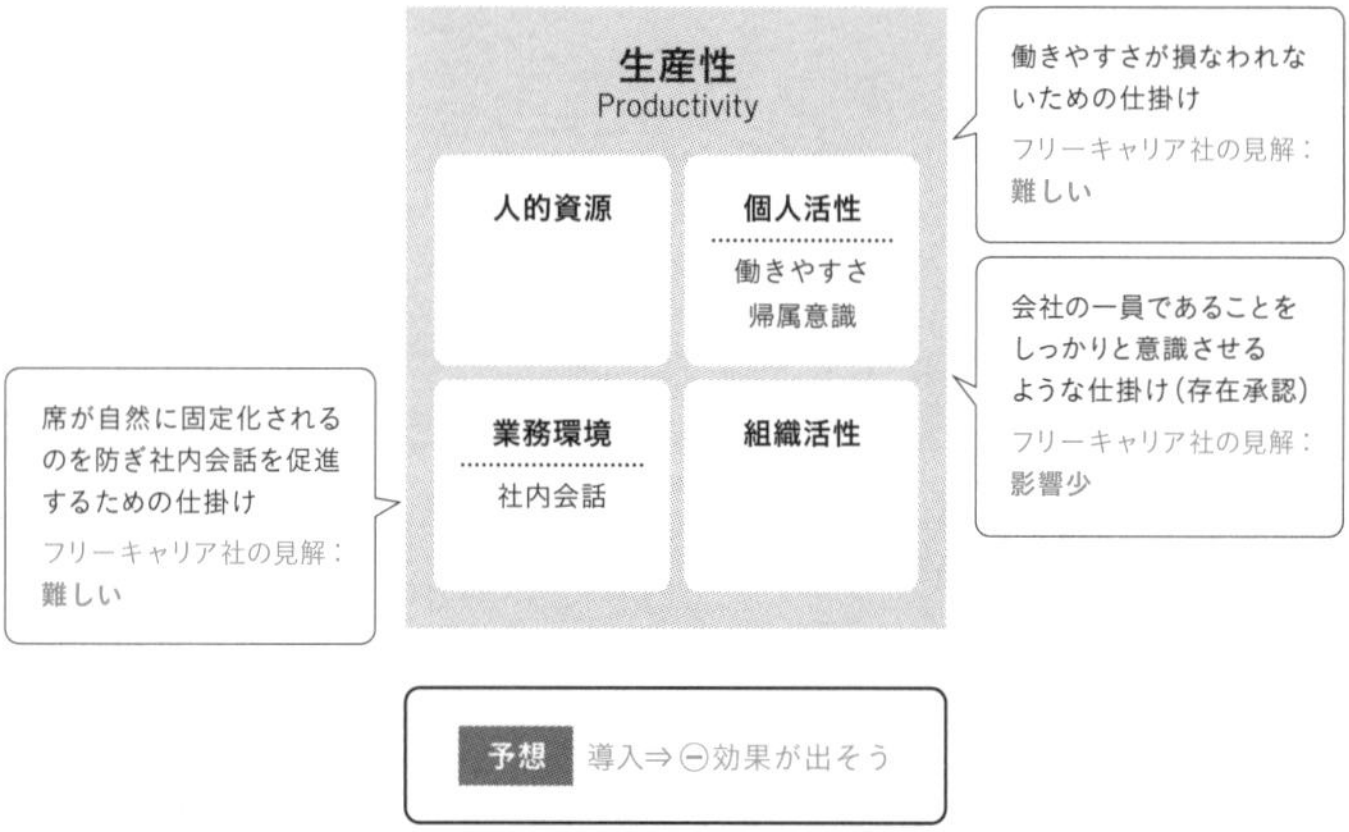

る可能性はある。

［解説］

検討段階では不足していた要素や、明らかに施策がマイナスな影響をもたらす可能性が見えてきました。アンケートにもあったように、フリーアドレスを実施した会社が抱える課題のひとつに「席が自然と固定化されてしまう問題」があります。社内のコミュニケーション活発化を狙って導入したものの、いつも同じようなメンバーが同じ場所で集まって仲良く仕事をしていたり、自分のお気に入り席に籠ったりという状況になり、コラボレーションがそれほど期待できなかったケースも多くあります。「集中できない」

「毎日席を移動するのが面倒」といった不満が高まり、コラボレーションどころか、ただの働きづらさになってしまうのです。

そうした課題に対する有名な取り組みのひとつが、カルビーのダーツシステムです。その日の仕事の状況に合わせて席の種類を選択し、1日中同じ席にいることができない時間制限を持たせた仕組みづくりなどを徹底しています。フリーキャリア社のように、オンラインツールの活用がこれからという会社は、他社事例を参考に、自社にとって本当に「合う」施策なのかは考えたいところです。

最終判断「さてどうする？」の評価

STEP1〜3までの分析結果を用いて、「施策導入、さてどうする？」の結論を導きだしましょう。

「フリーキャリア社 人事担当者は決めた」

決定因子の分析を経て、フリーアドレスという施策は組織にマイナスの影響を与える可

能性が高いことが分かった。
物理的な問題にばかり目がいってしまい、フリーアドレス環境での働き方のデザインが十分にできていなかった。移転はすぐにできる話ではないが、今フリーアドレスを導入したところで、それが移転後も継続してまでやりたい施策であるかというと、違う気がしている。組織運営を変えるメリットよりも、変えたことによるデメリットの方が明確な現状では、フリーアドレスの施策は一旦見送りたい。会議室が不足していたり、席が手狭だったりする問題については、会社として認識している旨を社員に伝えたうえで、各部レイアウトの見直しやオンラインツールの活用によって、もうしばらく我慢してもらえるよう説得しよう。

［解説］

フリーキャリア社では、施策を見送りました。
最終判断の要となったのは、導入によるマイナス効果を減らす方法が現段階ではみえなかったという点です。そのため、施策を通じて期待する効果が描きづらく、施策を導入するための能動的な目的が設定しづらかったのでしょう。今回のケースでは、社員からの不満はあるものの、「絶対にフリーアドレスにして！」という圧力はないことから、施策導入

導入を回避できるか？

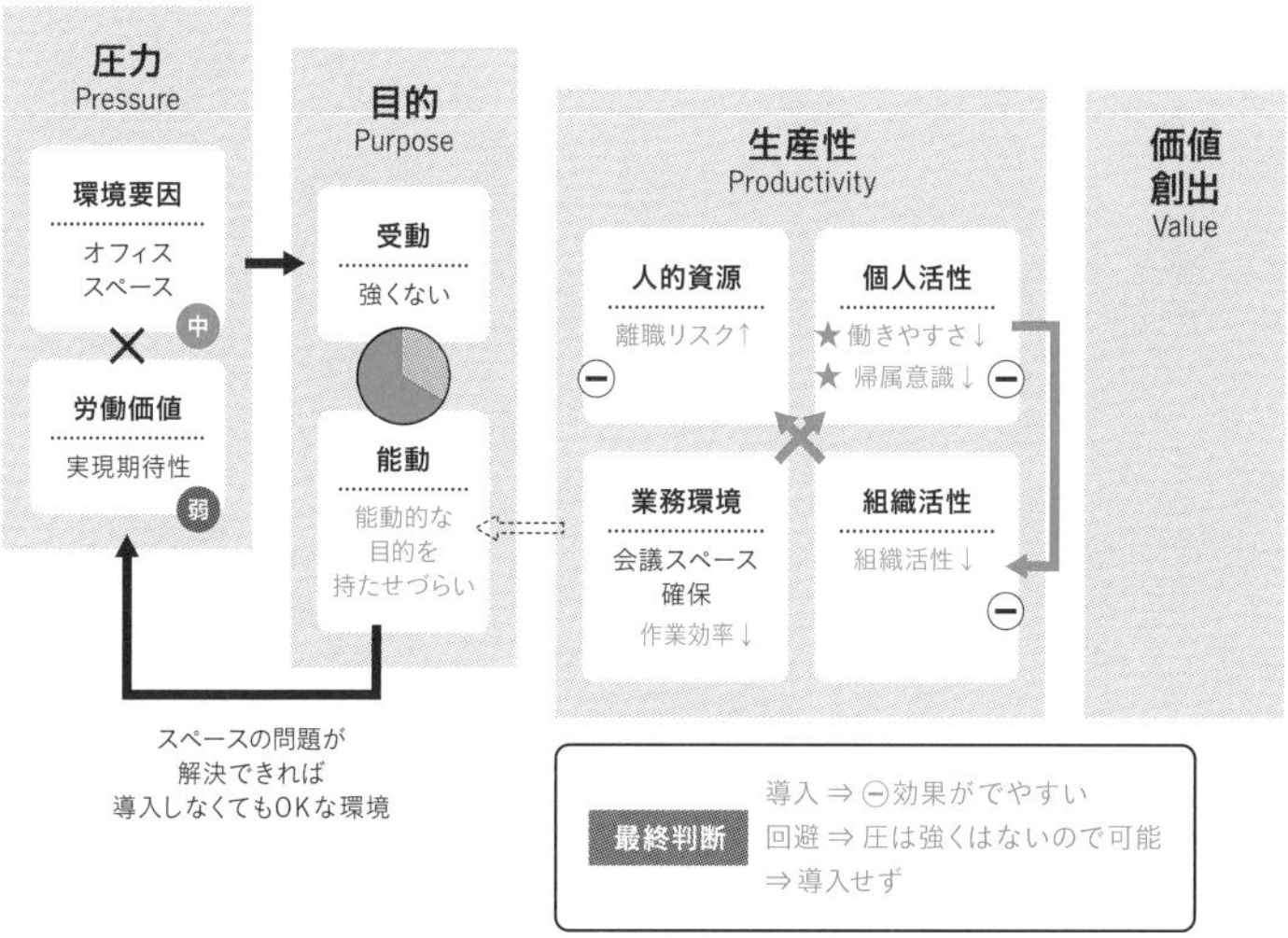

を見送る選択肢はありと考えます。むしろ、物理的スペースの問題が移転やレイアウト変更によって解決されるのであれば、導入しない方がよいと考えます。

フリーキャリア社の場合、施策によって組織にマイナス影響が及ぶ前に導入を見送ることができました。一方で、マイナス影響が予想されながらも、施策の導入回避が難しいケースもあります。

ケース❸

働き方改革法による上限規制がとうとうわが社にも！

残業の多い製造業

プロハン株式会社は、創業50年を超える製造業。人材規模は600名程度、大半はラインで働く社員だ。プロハン社では、長時間労働削減の施策を本格的に行おうと検討している。というのも、プロハン社では時間外労働が月平均35時間と多め。製造業ということもあり、繁忙期は時間外労働が月平均45時間を超えるメンバーもいるため、長時間労働についてはこれまでも是正が検討されてきた。施策の検討に拍車をかけたのが2019年の働き方改革法案施行による時間外労働時間の上限規制だ。プロハン社ではとりあえず、水曜日をノー残業デーにし、部門の評価軸に労働時間を追加するなどして、数値目標として残業削減を掲げた。数値的に見れば昨年よりも減少しているが、部門からは「時間のみ削減しても結局誰かがカバーしており疲弊感が蓄積している」「数値目標だけの施策にどんな意味があるのか」という反発の声が上がってきている。

❶「圧力分析」↓内外ともに圧力は強い

施策を検討するうえで置かれている環境はどうでしょうか？

先のふたつのケースと同様に分析を進めていきます。

［プロハン社 人事担当者による分析］

時間外労働時間の上限は、働き方改革法案という法令によって定められている。法令には従わなければならず、くわえて、長時間労働に対する世間の目は明らかに変わっているため、環境要因による圧力はとても強い状況。

労働価値についてはマクロシフトがおきていると考えられる。現代は社会全体でワークライフバランスへの意識が高まっている。ワークライフバランスがある程度保てる労働環境はもはや「当たり前」の価値観になりつつあり、労働価値に対する影響も強いと考えている。

［解説］

人事担当者の分析の通り、長時間労働についてはここ数年で一気に厳しくなりました。2015年の電通過労自殺事件を機に、「長時間労働を行うブラック企業は是正を！」という社会全体の動きは高まりました。企業で働く社員だけでなく、これから働く学生たちにとっても「ワークライフバランスが保てること」は就職先の企業を選ぶ際の必須の条件になりつつあります。

これだけ内外の圧が強い場合には、会社として対応せざるを得ない状況といえます。目的としても、プロハン社のように「取り組まざるを得ない」という受動的な姿勢になってしまいます。

「目的」は全体評価を通じて最後に設定するものとお伝えしました。本ケースの場合には、能動的な姿勢以前に、取り組まざるを得ない施策によって組織が受ける影響を深く考察し、「取り組む意味」と「得られる効果」を模索していきたいところです。

❷「生産性への影響分析」

プロハン社の長時間労働削減の施策は、組織の「生産性」（人的資源、業務環境、個人活性、組織活性）にどのような影響を与えるでしょうか。

［プロハン社 人事担当者による分析］

成功シナリオ：もしも施策が組織に良い影響を与えるなら……

時間外労働が減ることで、疲労感が軽減し、まず個人活性の心身コンディションは改善すると考える。時間が減るという点で働きやすさも上がるだろう。

さらに、心身コンディションの改善によって精神的なピリピリ感が減り、職場の雰囲気も改善するかもしれない。

ただこれは、業務のやり方や適切な人員配置など、業務効率を実現できる環境があっての話に過ぎない。ただ数値目標をゴールにしてしまっている現状をみると、一般社員にとっての働きやすさのみが強調される可能性が高い。管理職層が一般社員の労働時間の削減をカバーすることとなり、負担増による疲労の蓄積が予想され、組織全体で見て組織活性

が上がるとは言い切れない。上手くいけば、採用にプラス効果が期待できるが、疲弊した管理職が新しい社員の教育や業務適応をサポートすることは難しく、定着する社員は減ってしまう可能性がある。

失敗シナリオ：もしも施策が組織に悪い影響を与えるなら……

まず、数値目標の達成のために、労働時間管理の対象外になっている管理職が業務をカバーしていることは現場から聞いている。現状のやり方でさらに長時間労働への取り組みを行うとなると、ますます管理職に負荷をかけてしまう。そして、このまま労働時間だけを減らしたとしても、頑張っている社員の働きがいが下がったり、不公平感が大きくなったりしてしまう。

一方で、楽に働ける社員のぶら下がり化を招きかねない。やがて優秀な人材がどんどん離職してしまう可能性も高くなる。特にここ数年で管理職になった社員は優秀な人材が多いため、会社としては大切にしたい層でもある……

［解説］

人事担当者の考察を通じて、施策の成否を分ける決定因子となるものがいくつか見え始

プロハン社2. 生産性分析

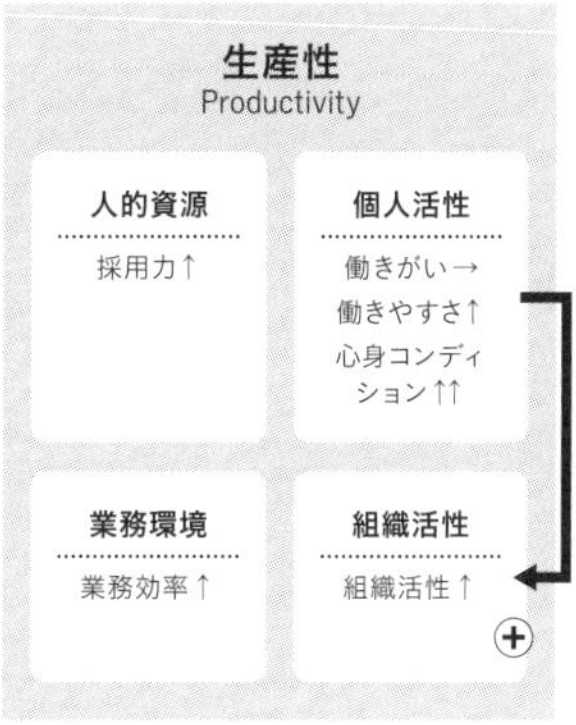

［成功］

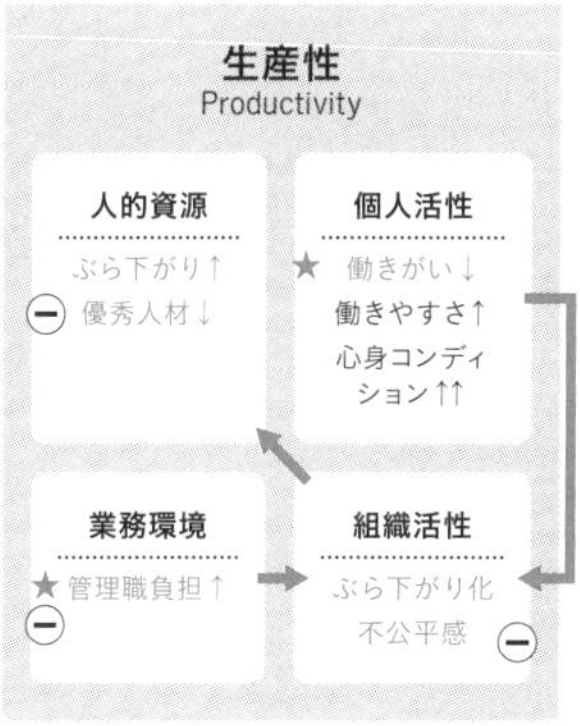

［失敗］

めました。施策が組織の「生産性」にもたらす影響を考察したうえで、成否を分ける決定因子となるものは、次のふたつです。

①働きがい
②管理職負担

プロハン社のように、表面的には長時間労働への取り組みがなされている会社であっても、ふたを開けてみれば現場、特に管理職に負担がかかっている会社は多く存在します。また、「昔より時間は減って業務は楽なはずなのに、組織としての活性は上がってこない」という話もよく耳にします。続けて、決定因子に対して

会社としてアプローチすべきかどうか、対応できるかどうかの分析をしていきましょう。

❸「決定因子分析」

プロハン社は決定因子に対してどのようなアプローチを考えていけば良いでしょうか。

［プロハン社の人事部の分析］

評価を通じて、働きがい・管理職負担のふたつが成否を分ける決定因子になることが見えてきたので、それぞれについて考えてみます。

働きがい：「ただ働きやすい環境」ではなく、働きがいを向上させる施策はあるか？

ここは正直なところ全く検討しておらず、課題は感じているが、優先度は低いと考えている。というのも、元々が忙しい職場ということもあり、心身コンディションと働きやすさが備わっていなかったため、働きがいをもつためのそもそもの土台がなかったからだ。まずは、長時間労働削減の施策を通じて、心身コンディションと働きやすさを上げることに

プロハン社3. 決定因子分析

Q：アプローチが可能か？

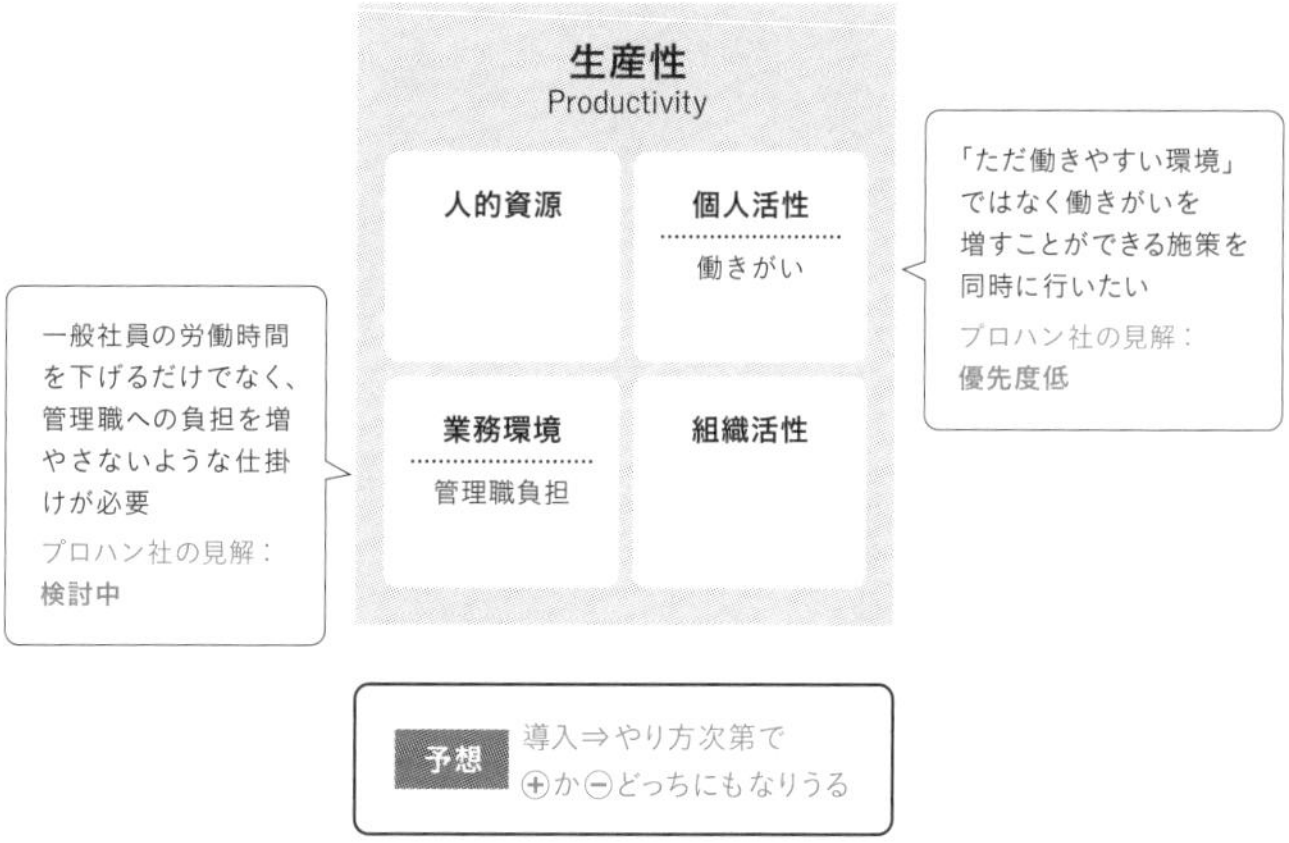

専念したい。

この施策の導入により、「ぶら下がりが急増する」という事態を招くほど良好かつ魅力的な職場環境にはならないと考えており、影響はそれほど大きくはないと考えてはいるが、自信はない。製造は人ありきで、かつ工場で働く社員が多いこともあり、安定的に長く働いてもらえる職場にはしていきたい。

管理職負担：管理職の負担を増やさないための施策はあるか？

具体的な施策までには至っていないが、既に課題として挙がっているため経営層含めて検討は進めている。一般社員が対応しきれない部分を管理職がカバーしている状況のため、人員配置・工程の見直し・受注コントロールを含めて会社として検討していく。

［解説］

働きがいについては、今は緊急性の高い課題とは考えていないようです。プロハン社の人事担当者が言っていたように、「働きがいよりも働きやすさがまず必要である」というのはその通り。近年「働きがい」「エンゲージメント」という言葉が流行っていますが、働きがいは、心身コンディションが保たれ、ある程度働きやすい環境が土台として存在しないと生まれません。ただそれでも、働きやすさばかりを追い求めてしまっては、組織活性がぬるま湯となり、社員のぶら下がり化を招くことが十分懸念されます。中長期的には、「ただ働きやすい環境」ではなく、働きがいを増すことができる施策を検討できるとよいと考えます。

最終判断「さてどうする？」の評価

STEP1〜3までの分析結果を用いて、「施策導入、さてどうする？」の結論を導きだしましょう。

［プロハン社の人事部は決めた］

決定因子の分析を経て、やはり管理職の負荷を増やさないためのアプローチが最重要だと認識した。労働時間管理を現場に任せっきりにするのではなく、労働時間を減らしても回る業務設計や必要なリソース提供を行わないと現場に混乱を招くこともよくわかった。長時間労働削減の施策を導入しないという選択肢がないからこそ、社会が求める姿に適応できる会社にならなければいけない。

「施策導入、やるかやらないか？」ではなく、やるしかない。安定して長く働いてもらえる職場を目指して、出来ることから進めていきたい。

［解説］

プロハン社のケースは、施策導入が避けられない状況です。施策による組織へのマイナス影響はすでに出ていますが、施策を本格的に導入していく上で意識すべき課題も明確になったようです。施策導入の際には「最後に全体評価を通じて目的を設定しましょう」とお話ししましたが、このケースでは能動的な目的の設定は難しいかもしれません。

それでも、成功シナリオで描いたような、職場雰囲気の改善や採用へのプラス効果など、施策によって期待できる効果の実現を模索し、できることからアプローチすることが重要です。

最後のケースは、今話題の副業についてです。

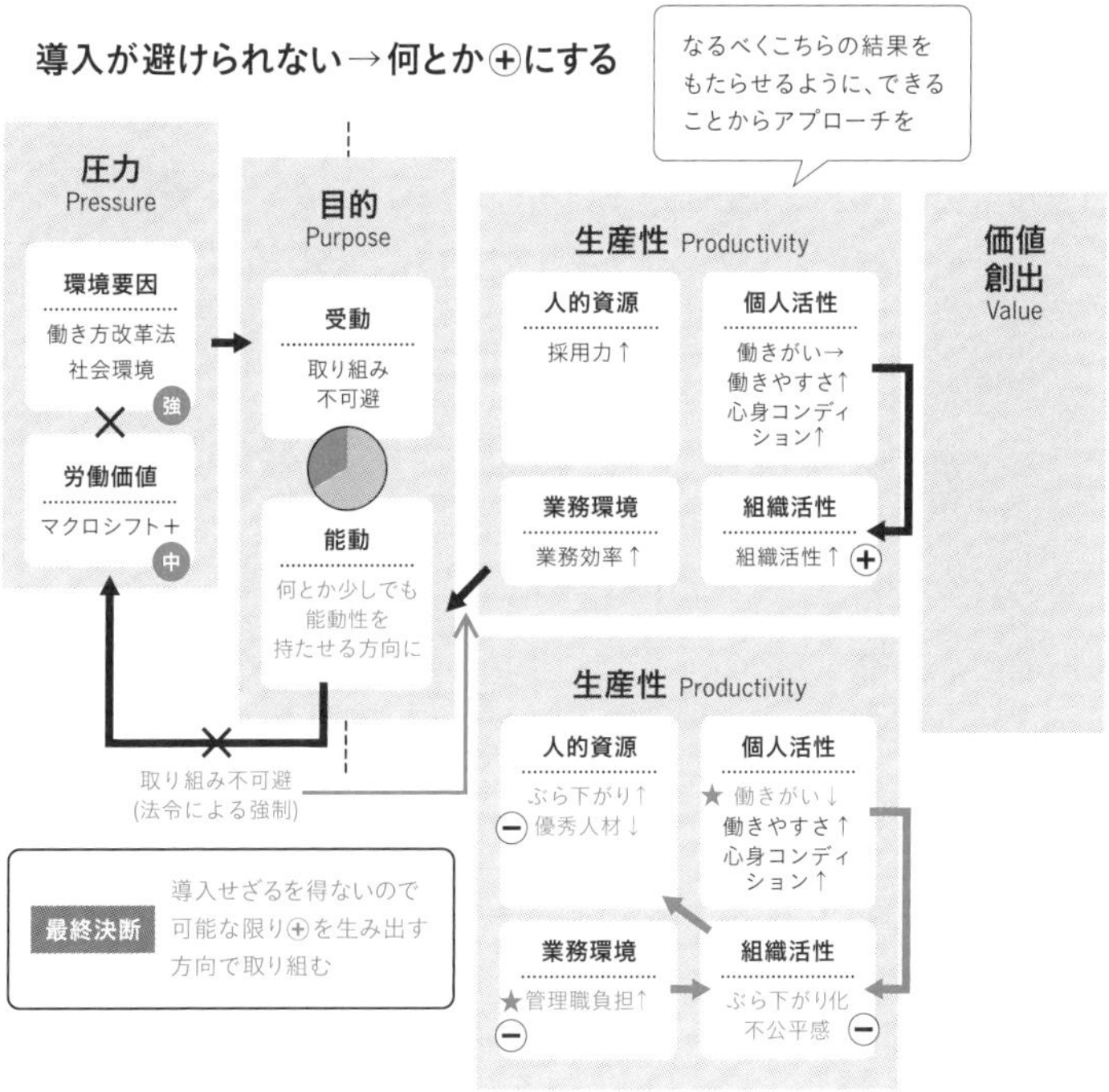
導入が避けられない→何とか⊕にする
なるべくこちらの結果をもたらせるように、できることからアプローチを
圧力
Pressure
環境要因
働き方改革法
社会環境
強
×
労働価値
マクロシフト＋
中
目的
Purpose
受動
取り組み
不可避
能動
何とか少しでも
能動性を
持たせる方向に
生産性 Productivity
人的資源
採用力↑
個人活性
働きがい→
働きやすさ↑
心身コンディション↑
業務環境
業務効率↑
組織活性
組織活性↑
価値創出
Value
取り組み不可避
(法令による強制)
生産性 Productivity
人的資源
ぶら下がり↑
優秀人材↓
個人活性
★ 働きがい↓
働きやすさ↑
心身コンディション↑
業務環境
★管理職負担↑
組織活性
ぶら下がり化
不公平感
最終決断
導入せざるを得ないので
可能な限り⊕を生み出す
方向で取り組む

ケース4

パラレルキャリア・副業の促進で社員の成長を促進!?

副業を認めてほしいと従業員から圧を受けているＩＴ企業

レインボー株式会社はＷｅｂアプリケーションの開発、ＷｅｂアプリのＰＲを取り扱うＩＴ企業。企業規模は創業８年にもかかわらず従業員数２５０名を突破。若手中心のベンチャー企業だ。

レインボー社では、３年前よりエンジニア職に限って事前許可制の下、社会活動や副業を行うことを認めている。許可された事例のほとんどは、レインボー社に入社する前に携わっていたプロジェクトを完了させたいという意向によるものだったため、会社もそれほど副業が盛んな印象はなかった。

レインボー社で行われたアンケートの結果

人事部内からはこんな意見が……	
副業 賛成派	・スキルや経験の習得がキャリアアップにつながる ・本業の時間と別で自分のやりたいことが実現し 自己実現からいきいきする ・コミュニティが広がるのは本業にもメリットがあるのでは ・残業代がほぼない＝収入は頭打ち感があるので副業は当然の流れ ・外の世界を見ることでイノベーションや、人材育成が 自然と生まれるのでは ・優秀人材、期待人材の定着に繋がる ・リファラル採用が活発化するのでは？ ・だらだら仕事せずに、時間管理・業務管理のスキルがあがりそう
副業 否定派	・本業に支障が及ばないか（健康面や集中力低下など） ・引き抜き、ヘッドハンティングが増えないか心配 ・セキュリティ、情報漏洩の面が不安 ・就業規則の見直しが必要＋時間管理が大変 ・帰属意識が低下してしまうのでは ・自社で活躍してない人材が他で活躍しているという不思議

しかしここ1〜2年は、エンジニア職だけでなく、営業職や企画職といった他の職種からも、副業を解禁したらどうかという意見が出始めている。時代の流れも感じており、副収入に限らずパラレルキャリアといった働き方への注目が高いという感覚は持っている。人材定着や成長に繋がり、それが組織を強くするのであればと、副業の全面的な解禁を検討をしている。先日の人事部内での意見交換では上の表のような意見が出ていた。

❶「圧力分析」↓内外圧は弱め

レインボー社の場合、施策を検討するうえで置かれている環境はどうでしょうか？

［レインボー社 人事担当者による分析］

時代の流れと業界の特徴的に、副業への関心は高まっているが、まだ業界内でも認めていない会社は多い。そのため、環境要因は弱めだと考えている。

労働価値は少し懸念したいところで、他職種からの要望の高まりを考えると、「副業ができる」ことを重要視し始めている社員は増えているのかもしれない。

［解説］

人事担当者の分析の通り、環境要因としては、まだ「よそ様の話」レベルであるといえるでしょう。業界の傾向としても、時代のトレンドや空気感を先取りしている一部の企業が動いているといった程度であると考えられます。労働価値も変化し始めてはいますが、「絶対に会社としてやらざるを得ない状況」とまではいえなさそうです。

❷「生産性への影響分析」

レインボー社の副業解禁の施策は、組織の「生産性」（人的資源、業務環境、個人活性、組織活性）にどのような影響を与えるでしょうか。

［レインボー社 人事担当者による分析］

成功シナリオ：もしも施策が組織に良い影響を与えるなら……

影響は様々だが、まず個人活性においては、副業を通じて自分がやりたいことができるのは、社員の働きがいを引き上げると考えている。また、自分が望む働き方ができるという面では、人的資源における優秀人材の定着や、採用力にもプラス効果が期待できる。

業務環境については、アンケートの賛成派意見にもあったように、スキルの向上や人材育成が促され、それが本業にも還元されるかもしれないと期待している。仕事や時間に対して自律した人材が増えることで、社員同士が互いを刺激し合いながら最終的に組織活性も高まることが考えられる。上手くいけばイノベーションも促されるため、期待度は高い

レインボー社2. 生産性分析

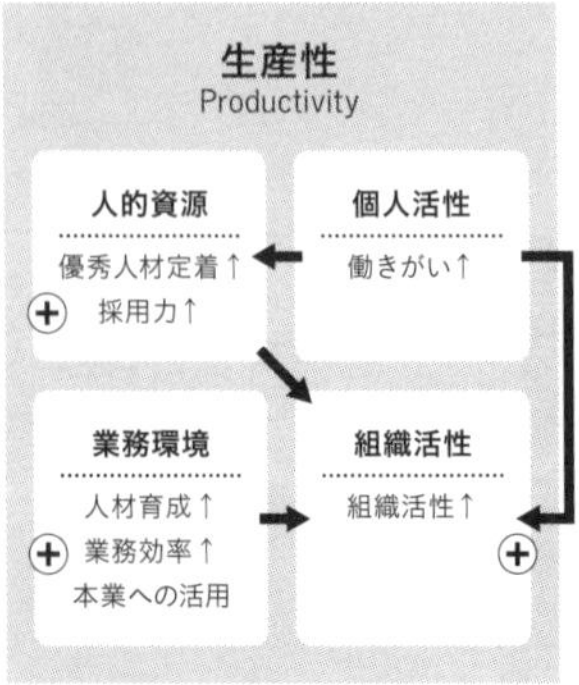

［成功］

［失敗］

施策だ。

失敗シナリオ：もしも施策が組織に悪い影響を与えるなら……

もし失敗するとしたら、否定派の意見にあったように、個人活性における帰属意識の低下が気になるところだ。さらに副業により働く時間が増えることで生じる疲労蓄積も会社としては不安要素。副業を頑張りすぎるがあまりに、本業への集中力が低下し、組織活性にも影響を及ぼすかもしれない。

人的資源については、単純に引き抜きが増えることが心配。副業により帰属意識が下がったり、副業で得たスキルや経験が本業に還元されなかったりすると、本業は安定的な収益を得る場でしかなくなってしまうかもしれない。そうなるとぶら下がり社員が増えることも十分考えられる。

［解説］

人事担当者の考察を通じて、施策の成否を分ける決定因子となるものがいくつか見え始めました。施策が組織の「生産性」にもたらす影響を考察したうえで、成否を分ける決定因子となるものは、次のふたつです。

①帰属意識

②本業への活用

続けて、決定因子に対して会社としてアプローチすべきかどうか、対応できるかどうかの分析をしていきましょう。

③「決定因子分析」

レインボー社は決定因子に対してどのようにアプローチを考えていけば良いでしょうか。

［レインボー社 人事担当者による分析］

帰属意識：帰属意識を維持・向上させる方法はあるか？

難しいと考える。というのも、従業員意識調査で見る限り帰属意識は元々低く、「この会社だから」という思いで働くよりは、「このスキルや経験ができるから」と経験や肩書を求めて入社する社員が多い。ＩＴベンチャーということもあり、人材のインアウトも活発な現状を考えると、会社への帰属意識を高く保つ方法は今の段階では思いついていない。

本業への活用：本業へのプラス効果を期待し、副業をコントロールできるか？

これも難しいと考える。これまではエンジニアに限定していたというのも、入社前に社外で携わっていたプロジェクトを完了させたいという意向が多く、優秀人材の確保のために柔軟に許可していたという理由がある。ただ、実際の業務内容や、そのプロジェクトが

レインボー社3. 決定因子分析

Q：アプローチが可能か？

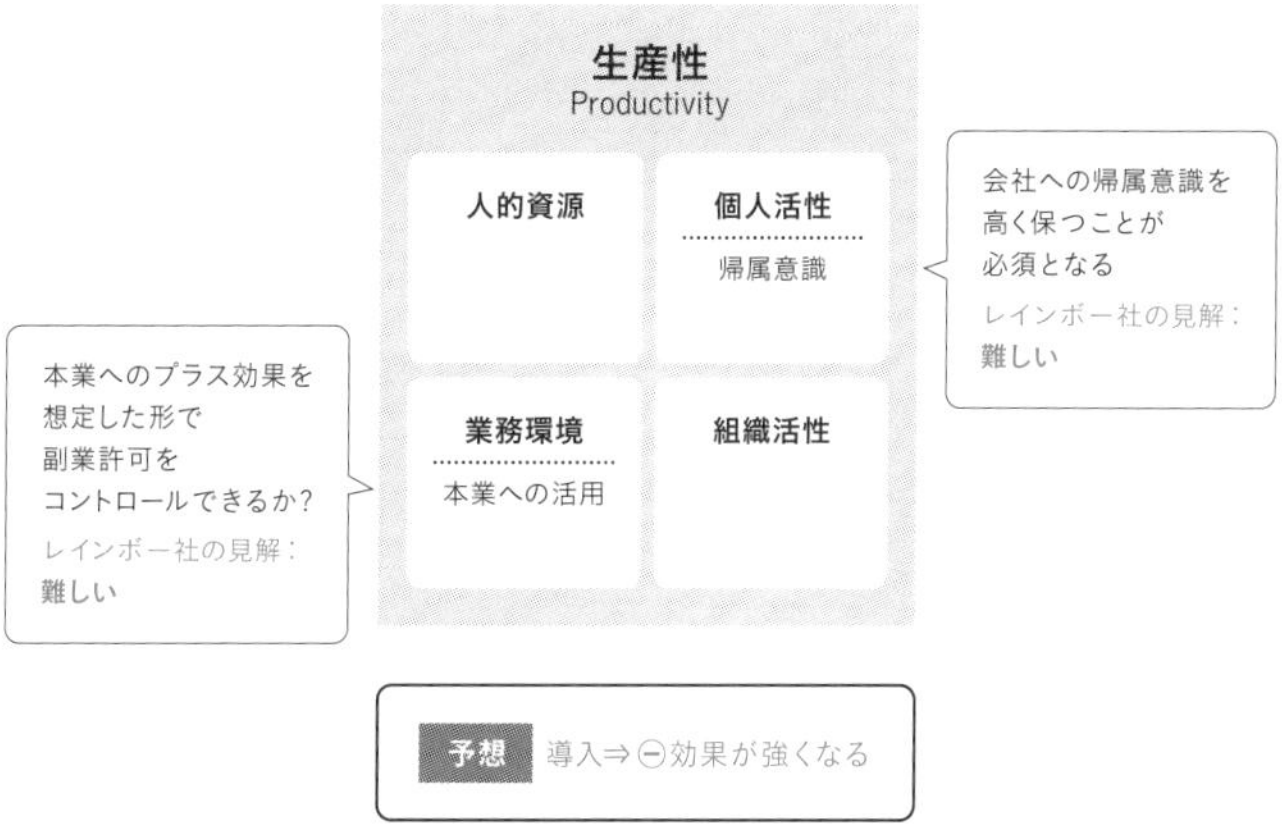
生産性
Productivity
人的資源
個人活性
帰属意識
業務環境
本業への活用
組織活性
会社への帰属意識を高く保つことが必須となる
レインボー社の見解：難しい
本業へのプラス効果を想定した形で副業許可をコントロールできるか？
レインボー社の見解：難しい
予想
導入⇒㊀効果が強くなる

終わったかどうか、どの程度参加しているのか、など正確には把握していなかった。本業にどのような形で活用されるのか想定したうえで、副業など社外活動を許可し、それによる効果を会社がコントロールするのは現実的には難しいと考えている。

［解説］

ふたつの決定因子へのアプローチを通じて、対応は難しいということが見えてきたようです。人事担当者の分析を見る限りは、施策導入による組織への影響はマイナスの効果が強く、積極的に導入するメリットはあまり感じられません。

最終判断「さてどうする？」の評価

［レインボー社の人事部は決めた］

決定因子の分析を経て、副業全面解禁という施策は組織にマイナス影響を与える可能性が高いことが分かった。施策を導入する能動的な目的も持ちづらいことから、今回の施策は見送る。人事部内で今回の結論を共通認識としてもち、「なぜ副業を認めていないのか？」といった会社のスタンスを社員に周知する必要性は感じている。

［解説］

レインボー社の最終判断は、導入見送りという結果でした。人事担当者の意見の通り、副業を認めないのであれば、会社のスタンスを明確に示し、社員に理由が分かるように説明することが重要です。また、一部エンジニア職に限ってという部分も、社内に不要な不平等感を発生させる元となっている可能性があるため、見直しを検討した方が良さそうです。

今回は導入による組織へのマイナス影響が明確でしたが、導入見送りができた背景には

導入回避はできるか?

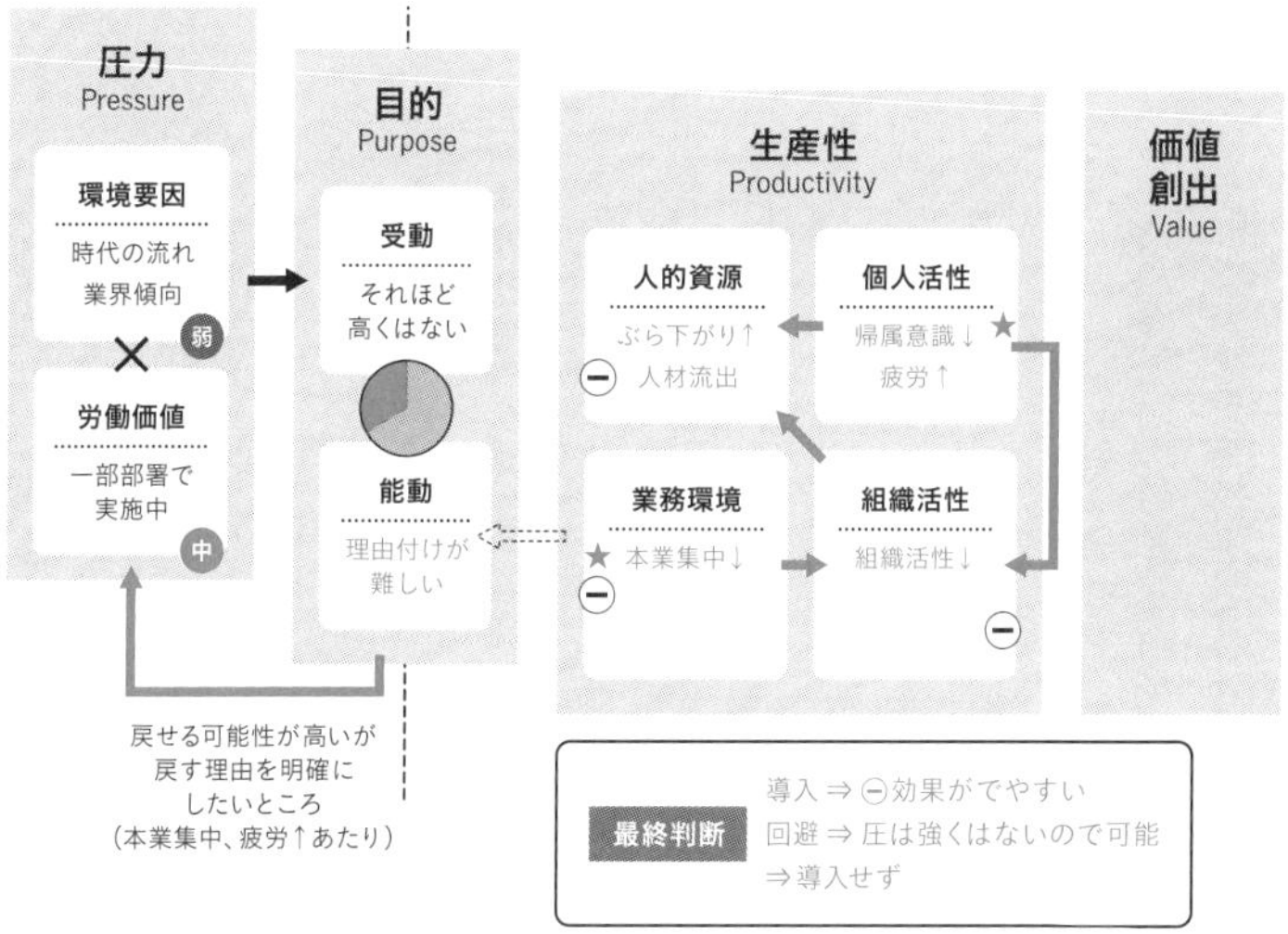

もうひとつ重要な要素が関係しています。

それは、「圧力」が強くなかったということです。ザイタ社やプロハン社のように、圧力（環境要因・労働価値）が強い場合には、施策導入回避ができない、または回避することのハードルが高くなります。今回のケースでは、まだ検討が人事部内に限っていたことや、一部社員の要望はあるものの、実現期待性や労働価値のマクロシフトが生じている状況とまでは言えませんでした。「施策導入、さてどうする？」と考える前に、「導入回避できないケース」があることも忘れてはなりません。

また、レインボー社のケースにおいても、もしも圧力が強い場合には、結果は変わってきます。いまはまだ「圧力」が強くはなかったとしても、今後「副業」が働き方として「当たり前」となっていく日はそう遠くはなく、いつしかよそ様の話ではなくなることも十分考えられます。

施策を通じて期待したい効果が、能動的な目的となる

在宅勤務の導入に悩むザイタ社。フリーアドレスの導入に悩むフリーキャリア社。時間外労働の削減に悩むプロハン社。副業の解禁に悩むレインボー社。現代企業に多い悩みをかかえる4つの企業のケースを見ながら、「施策導入、さてどうする？」フローを用いて、施策導入の可否について考えるプロセスを解説しました。

施策を導入するのか、しないのか。これは自社や社員が置かれている環境を分析し、施策が組織に与える影響を考察したうえで導かれるものです。これまでのケースに出てきたように、明確にプラス効果が描けたことで導入に前向きに取り組めた会社もあれば、明確にマイナス影響が描けたことで自信をもって施策導入を見送ることができた会社もありま

す。

一方で、「やらざるを得ない」状況に追い込まれて半ば強制的に対応しなければならないというケースも存在しました。ただし、施策をやる以上、「しかたない」という受動的な姿勢で取り組んだところでは、成功確率は低くなり、それは組織へのマイナス影響としても表れてしまいます。置かれた環境が「やらざるを得ない」状況であったとしても、施策が組織に与える影響への考察を通じて、施策によって期待したい効果を設定し、それを施策導入の動機にしていくことが重要です。

何も考えずに施策を行う経営者・人事担当者はいないと思いますが、施策が組織に与える影響への想像力と関心無くして、組織のココロ、社員のココロを掴むことは難しいでしょう。

5章のまとめ

「施策導入、さてどうする？」フローで可否を検討する

これから導入を検討する施策が「組織を滅ぼす可能性」を考察した。施策が組織に与える影響を考察するには「施策導入、さてどうする？」フローが有効である。圧力分析・生産性への影響分析・決定因子分析の3つの分析を通じて、最終的に次の2点を導きだすことができる。

● 導入ジャッジ（施策が組織に与える影響を考察し、導入可否を判断）
● 回避ジャッジ（圧力分析の結果により、導入しない選択が可能か判断）

これらの分析や評価を通じて、施策の導入可否の最終判断を行うことで、施策が組織に与える影響をある程度予測できる。それは「組織運営を変えるのか、変えないのか」と迷うことなく判断を行い、自社が目指す組織構築に前向きに取り組むことにもつながる。

施策検討段階においては、施策が「生産性」に与える影響を事前に考察する。そして決定因子分析を通じて施策の導入可否を判断する。施策を導入するのであれば、最後に必要なのが「目的」の設定である。やらざるを得ない状況下での導入であっても、施策に取り組む姿勢の能動の比率を高めることで成功確率を高められることがある。施策により期待したい効果を設定しそれを施策導入の能動的な動機にしていくことが重要である。

第6章

パラダイムシフトをチャンスと考える方法

心構え次第でピンチがチャンスに変わる

パラダイムシフトはピンチ？ チャンス？

社会情勢の急激な変化によって生じるパラダイムシフト（思考や概念、価値観の革命的な変化）は、働く個人や組織に大きな影響をもたらすということを、私含め多くの経営者、人事担当者、そして社員が実感しました。新型コロナウイルス感染流行をきっかけに、働き方や組織運営について改めて考えさせられ、同時に「この先どうなっていくのか」と不安を抱えていることでしょう。

この一見ピンチと思える状況をチャンスと捉えないと、変化への適応に能動的に取り組むことができず、結果として失敗してしまう可能性が高くなりそうです。この機会に、あらゆる仕事における自身の役割、今やるべきこと、そして今回を機に変えるべきこと、見えてきた課題を整理し、先に繋げていくことが求められます。

　特に今回のコロナ禍においては、オフィス出勤そのものが見直され、ペーパーレス化の推進や、一斉出社というこれまでの当たり前が大きく揺るがされる事態がもうしばらく継続していくことでしょう。政府が推奨する「新しい生活様式」は確かに感染予防の観点から言えば望ましい形を示していますが、ここにも社員が考える「実現期待性」と会社が考える「実現可能性」の話が関係し、理屈でいう「できる」と会社が考える「できる」に大きな差が生じることでしょう。社員が求めるがままに対応した結果、理想とする企業像の実現から遠ざかることもあるという意見も一理あります。

　しかしながら、新型コロナウイルス感染流行に限らず、いつまたこのような厄災が訪れるのかは予測がつかず、震災・台風・感染症・国際的社会情勢の変化にともない、再び対応を強いられることは必ずあります。立派な計画をいくら立ててもビジネススピードの速さや想定外の災害にはかないません。経営方針をしっかり立てて組織運営に反映させる時間的猶予を十分とって組織を作ることができた時代と今は、少し変わってきているということを、我々経営者・人事担当者は今後も考えていかなければならないでしょう。このような変化が激しい時代における経営・組織戦略は、旧来の中長期的戦略に沿ったやり方が全く通用しなくなっており、時代の変化とともに組織も柔軟に対応していく「アジャイル型組織」であることが求められていると考えます。

唯一平等に出来ること、それは変化による不安へのケア

そして、今後の組織運営を検討していく過程では、組織の変化という不安と同様に、個人が抱える変化の問題も存在します。コロナ禍でも露呈した、「感染リスクが怖いからこの仕事はしたくない」「感染リスクを負っているから、金銭報酬があってもいいのでは」「在宅の方が集中できるから在宅がいい」「在宅勤務で生じたコストを会社は補助してくれないのか」といった個別の要求にすべて答えることは不可能です。

会社の方針をどうしていくか、運営をどうしていくか、そうした具体策を検討している過程においても、社員に対して唯一平等にできることはあります。それは、変化による不安へのケアです。在宅勤務でも、オフィス出勤でも、メンタル面のケアは唯一できる施策です。

◎人事として出来ること：不調者対応の強化

人事面談をはじめとした対応が基本となります。気になる社員がいる場合には早めにヒアリングします。特に、眠れない、寝付けない、朝早く起きてしまうといった「睡眠障害」の有無や、原因不明の腹痛や頭痛といった「自律神経症状」には注意をし、病院受診が必要なレベルであるかのジャッジが必要です。一般的には、自身でコントロールできない睡眠の質の悪化が3週間以上続く場合には、病院を受診することをお勧めしています。

また人事だけでは判断ができない場合には、早めに産業医や産業保健師等のプロと連携して対応にあたってください。コロナをきっかけにオンライン対応が促進されていることもあり、社員が在宅勤務中であってもオンライン面談を積極的に活用するのも一案です。

◎上司として出来ること：不調者の早期発見

ラインケアの強化も重要となります。2020年卒新入社員はオンラインによる新人研修という異例の形で社会人人生が始まっています。学生から社会人になったという変化だけでなく、配属後も同僚や上司と直接顔を合わせる機会が持ちづらい、現場に同行して業務ができないといった、適応までのプロセスも通常と異なります。新人だけでなく他の社員も、生活環境や在宅勤務をはじめとする勤務環境の変化、そしてそれら変化の重なりと不安の増大により、メンタルダウンリスクが高い状況です。

日々の様子の中で、感情の起伏が激しい、元気がない、集中力がない等、少しでも気になることがあれば、早めに上司から声を掛けてあげる姿勢が必要です。特に、「睡眠の質の悪化がないか？」「食事はおいしくとれているか？」といったことを聞き出し、睡眠障害や自律神経失調症状があるようであれば、人事に相談のうえ早めに産業医との面談などの機会を設けることが重要です。

◎社員個人として出来ること：セルフケア強化

コロナ禍においても、社員向けのセルフケアオンラインセミナーや、オンライン運動プログラムを活用した企業は多いかと思います。従業員向けには、セルフケア啓発のためのオンラインセミナー教育等は重要です。教育の内容そのものも大事ですが、特に在宅勤務が継続し、人との繋がりが減ったり、仕事以外のコミュニケーションが減ったりしたときには、そうしたセミナーという時間を「共有」すること自体が重要な意味を持ちます。

チームミーティングの合間に雑談レベルで、「お気に入りのストレス発散法」を一人ずつ回答していくなど、意識的に「共有できる時間」「雑談」を取り入れるのは大切です。また、コロナに限らず、変化の重なりはだれにとってもストレスになり得ます。組織運営の変更

など、会社として変化を起こす際には、会社からの報連相を意識して、情報を共有することを普段以上に心掛けることも重要です。

人事施策は行うことを目的にするのではなく組織活性とセットで考える！

パラダイムシフトをともなう時代変化の中での組織運営において一番懸念すべきは、社員の労働価値の変化です。働くことの価値観が世界的に揺らぐ今、社員が労働に対して求めるものや働く目的と、会社が提供できる価値にはミスマッチが生じやすく、そのギャップは溝となって表れます。優秀な人材の離職、採用における苦戦、身体の不調やメンタルダウン、社員・チームの生産性やモチベーションの低下、職場の雰囲気の悪化といった形で「組織の病」として出現してくるでしょう。

皆さんの会社でも、会社を良くしたい、組織を活性させたい、良い人事施策を通じて働きやすい職場を作りたい、そういった想いで、社員のために様々な施策を実施していると思います。しかし、どんな施策であっても、その施策が社員にとって求めるものでなければば、なんの意味もありません。

ここ5年ほどの組織開発の主流は、すでにある程度良い状態の会社がさらに良い状態を目指すため、働きがいをさらに上げるための〝キラキラ施策〟が人気だったように思えます。健康経営やホワイト500に始まり、社内イベントの活性化、エンゲージメントの向上などがその一例となります。これら施策により、社内の雰囲気が良くなったり会社のイメージが上がり新卒採用に効果が出たりした企業も多いことでしょう。しかしそんな会社は一部に限られます。多くの会社が自社の本質的課題である「働きにくさ」や「心身コンディションを落としやすい環境」を解決できていない中で、職場環境や制度がもともと整っている〝キラキラ系の会社〟が行う〝キラキラ施策〟を導入するも効果が得られず、組織運営に頭を悩ませているのも事実です。

その理由のひとつは、多くの会社は「組織をどう運営するか？」といったHOWに視点が偏重しがちで、かつ「社員の働きやすさ」に偏重しがちという点があります。組織の動力となる「人」を大切にすることは経営上当然のことですが、それは決して「働きやすさを優先して改善し、人を大切にすること」ではありません。あらゆるステークホルダーのバランスを意識していく中で、「働き方」への施策を手段として考え、組織活性の向上に繋げ、最

終的には顧客や社会への価値提供に繋げていくことが重要です。価値提供と働き方を相反するものと捉えず、価値提供を実現するためのひとつの手段として「働き方」の施策があることを忘れてはなりません。

◎健康経営の施策によって、本当に「心身コンディション」は改善・向上しているのか？
◎労働時間の削減、1on1等の施策によって「働きやすさ」は改善・向上しているのか？
◎あらゆる施策が、仕事における「働きがい」に繋がっているのか？

4章、5章で説明した通り、価値創出を導く組織力には、生産性、つまり組織としてのパワーが必要です。そしてその生産性に深く関係する4つの要素（人的資源・業務環境・個人活性・組織活性）のうち、価値創出に最も影響するものは、組織活性です。だからこそ、働き方の施策が、どんな効果を成しているのか、それはしっかりと定点観測していかなければ意味がありません。

なにより、労働価値の変化が生じやすい現代では、社員が働く上で「求める物」は非常に多様化しています。施策を行う上でも「どの社員層の労働価値を満たすのか」狙いを定めて導入することが必要です。すべての社員の要求通りに、組織のあるべき姿を実現するのは不可能です。だからこそ、組織が抱える課題を本気で解決するための施策を導入する際には「誰に向けた施策なのか」「どの課題に優先的にアプローチがしたいのか」「どのように具体的にアプローチをするのか」と、3段階に分けて考えていく必要があります。

前著『「辞める人、ぶら下がる人、潰れる人」さて、どうする？』にてターゲティング戦略について書きましたが、社会情勢の変化により、今「どのような組織でありたいか？」を考える機会は、これまで以上に多くなってくると思われます。

誰にとって良い組織でありたいのか、ありたい企業像を実現するために、誰のどこに狙いを定めることが組織にとって価値提供を実現する上で優先とされるのか、ターゲティング戦略はまさに今求められる考え方であるといえます。

組織活性への関心が組織を救う

これまでに産業医や経営コンサルタント、そして経営者という立場で多くの組織を見てきました。自社を含め、どの会社も課題を抱えていますが、経営者や人事担当者は「その課題を解決するためにどの施策を行うべきか？」というＨＯＷを念頭に検討してしまいます。しかし課題を一気に解決することは難しく、現状の組織活性がどのようになっていて、その中でどの活性を引き上げることが先決なのか優先順位を立てることが求められます。

心身コンディションが落ちているのか。働きやすさが損なわれているのか。働きがいが損なわれているのか。どの因子を優先的に引き上げたいか、といった検討をせずにうやむやに施策を行うのは、地図を見ずに行き当たりばったりで目的地に向かおうとすることに等しいです。

それは施策においても同様で、その施策を導入することで、組織活性にどのような影響を与えられるのか、しっかりと検討しながら判断することが求められます。これからの時代、どんなに素敵な人事施策を描いたとしても、組織戦略を考える経営や人事のレベルと実際の現場レベルとの間でズレは生じやすい時代です。それは、パラダイムシフトによって生まれた新しい「当たり前」が浸透することにより、価値観が変わりやすくなったからです。今はまだそれほど影響はでていないものの、今後働き方の「当たり前」が変遷してくことはほぼ間違いないでしょう。上手くいっていた施策や考え方が「絶対に正解」ということはなく、自社の業態、競合の動き、社員の労働価値といった、あらゆるステークホルダーの変化を感じ取りながら、組織活性を保ち、かつ価値創出が維持できる方法を模索していくほかありません。

人のココロ、組織のココロに関心を

組織にはあらゆるココロが関係しています。

産業医や経営コンサルタントとして顧客企業の経営者・人事担当者・管理職・社員と接している中で、そのココロのほんの些細なすれ違い、関心の向き方の違いが大きなトラブルや組織の課題を生み出していると感じています。

人のココロに関心を持たないというのは、「これを言ったら相手がどう思うか」「なぜあの人はこのような行動をしたのか」といった想像力が欠如しているということです。ココロへの関心を持たないことで生じるトラブルの代表は、ハラスメントです。2020年6月から大企業はハラスメントへの対策を義務づけられています。ハラスメントは「自分がそれを言われたら、それをやられたらどう思うか」という根本的な想像力が欠如していることが主たる原因として生じています。今後危惧しなければならないのは、テレワークハラスメント（テレハラ）と呼ばれる、直接顔を合わせるオフィスだけでなく、オンライン上におけるハラスメントです。特に今後「働き方」が変わり、日本古来の組織を優先した考え方から個人主義的考え方に移行していく中で、より「相手」の存在をないがしろにする社員が増えてくることが予想されます。「組織」「共同体」に所属しているという意識を醸成し、組織内のガバナンスを図っていけるかが、これまで以上に組織運営における重要テーマになると思われます。オンラインでの上司や部下を含めた仲間とのつながりの持ち方、オフィスの活用方法、社内イベントといった機会が大切とされる理由もそこにあると思います。

また、上司と部下の関係に限らず、人間関係の問題は相手への思いやりや相手のココロへの関心のなさが背景にあります。ただ、ココロに興味のない上司にいくら１on１で部下のココロのケアをするよう、会社や人事が指導を行ったとしても、そもそもココロへの関心がないとあまり効果は見込めません。部下のココロを扱う必要性や、ココロのケアが業務における損を減らしメリットをもたらすことを理解できない限り、管理職にとって１on１は〝やらされ施策〟に終わり、期待する効果は得られず組織活性には繋がりづらいでしょう。

組織のココロに関心を持たないというのは、「現状認識も課題も表面的に捉えて終わる」ことです。近年、多くの企業で従業員満足度やパルスサーベイを活用していますが、ほとんどの企業がその結果から得られたデータを有効活用できていません。

有効活用できていないレベルにもいくつかあり、次のようなケースが多めです。

◎そもそもやることが目的となっており、データをろくに見ないで終わる
◎データの読み解き方が分からない、施策を検討する前に課題がしっかりと見えてこない
◎データに正解を求めているので、データがすべてだと捉えてしまい、現場からの声を反映させることなく施策に移してしまう
◎人事内でデータから推測して考えるが、経営陣や現場管理職を巻き込むことができず施策につなげることができない
◎現場からはデータをもっと活用したいと要望が来るが、人事にデータ収集及び解析をサポートするリソースが足りない

せっかくあるデータを活用しないのは大変もったいないことです。データから見えた「数字」と、現場の社員が抱く「感覚」を突き合わせたうえで、現場で何が起きているのか

「仮説」を立てて、改善につなげる具体的な「施策」を行い、その効果を「評価」し施策の「修正」に繋げていく。この一連の流れは、外部のコンサルタントではなく、人事・現場の管理職を含めた組織に所属する人たちが主体となって取り組む必要があります。そうした意味でも、サーベイなどを通して得られた組織のココロを見るためのデータを取得することは、組織のあり方が変わり、働く人の多様化が進むこれからの時代、さらに重要性が増してくると考えます。

社員個人のココロを把握して、社員全員の「働く幸せを最大化させる」のはとても難しいミッションです。ただし、組織のココロを把握し、組織活性についての考察を深めることで、その組織が抱える課題（マイナス感情の蓄積）を解決でき、組織が生み出す顧客や社会への価値提供の増大に繋げることが可能となります。その結果として組織を構成する社員それぞれの「働く幸せが最大化される」ことを目指せます。

どのような組織を築き、顧客や社会へのさらなる価値提供を実現していきたいか、ありたい企業像の実現に本書がお役に立てれば幸いです。

コラム

変化に耐えうる組織のココロとは？

産業医、経営者として活動している中でよくお話しすることがあります。それは「変化はストレス」ということです。ストレスとは、外部からの刺激（ストレス要因）を受けた時に生じる、心や体の緊張状態のことです。書籍の本筋から少し脱線しますが、このコラムでは、組織のココロの前に、我々が日々抱えている“ストレス”についてお話しします。

個人のストレス要因となりうるのは、仕事ストレスとプライベートストレスです。仕事ストレスは過重労働など仕事の量による負担、短納期対応や担当業務変更などの業務による精神的プレッシャーの負担、職場の雰囲気や環境による負担、上司と部下の関係による人間関係の負担などがあります。プライベートストレスは、家庭環境の変化や、家族の病気、介護といった家族関係による負担、失恋や喧嘩といった恋人や友人との関係による負担、金銭トラブルや将来不安といった個人問題による負担があります。

ただ、こうしたストレス要因が直接的にストレスの影響度合を決めるわけではなく、「ストレスの影響＝そのストレスの強度×持続時間×頻度×変化の大きさ」によって決まります。そして、ストレス影響の一因子となる「変化」は、希望する部署への配属、昇格、結

婚や出産といった良い変化であってもストレスの因子になるという点がポイントです。そのため、悪いこと・良いこと含めて「変化の重なり」が発生する際には特にメンタルダウンのリスクが高まるため注意が必要です。

この「変化はストレス」は個人に限った話ではありません。組織においても「変化はストレス」となり得ます。新型コロナ感染流行に限らず、社会情勢の急激な変化やビジネススピードの加速は、会社や組織に変化をもたらしており、柔軟な組織運営を作るというのがここ数年の「アジャイル組織」というトレンドにも表れています。

では変化に耐えうる強固な組織をつくるためには、経営者や人事担当者は何を意識していけばよいのでしょうか。変化に耐えうる組織を目指す上で重要なポイントは、変化が発生する時の組織のココロの動きを理解することです。実際のココロの動きを説明する前に、その土台となる、変化に耐えうる組織に絶対的に必要である「心理的安全性」について少し説明いたします。

心理的安全性は変化に耐えうる組織の基盤

「心理的安全性」はGoogleの「プロジェクト・アリストテレス」で認知度が広がり、ここ数

成功する組織に心理的安全性は必須

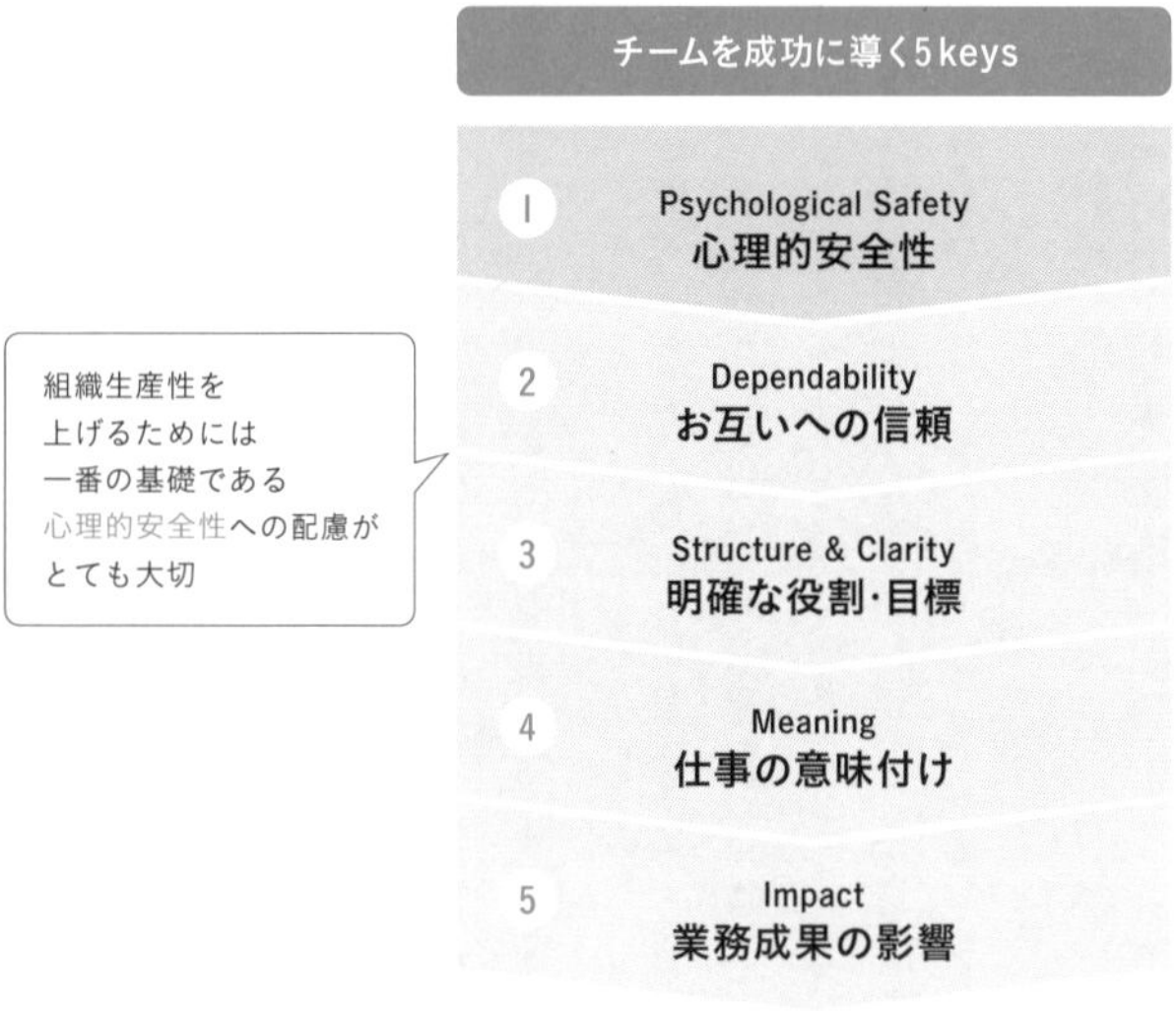
チームを成功に導く5keys
1 Psychological Safety 心理的安全性
2 Dependability お互いへの信頼
3 Structure & Clarity 明確な役割・目標
4 Meaning 仕事の意味付け
5 Impact 業務成果の影響
組織生産性を上げるためには一番の基礎である心理的安全性への配慮がとても大切

年注目を浴びているキーワードです。ここでいう心理的安全性の定義は、「他者の反応におびえたり、羞恥心を感じずに、自然体の自分をさらけ出すことができる環境や雰囲気のこと」です。

　つまり心理的安全性がない環境とは、「これをしたらこう思われないか?」とおびえたり、誰かに否定的に思われたくないから行動を起こせなかったりする環境です。

　誰しも「この人は仕事ができない」「なにも

知らないな」「頼れない」そんな風に思われるのではと感じたら、行動に躊躇や制限が出てしまうのは当然です。逆に心理的安全性がある環境であれば、他者の反応を気にせず、遠慮することなく行動ができる。つまり、「リスクや責任がある程度あっても挑戦しようと思える」「問題があった際に自分の考えや意見を言える」「新しい考え方やスキルを受け入れることができる」そんな環境が、心理的安全性がある環境といわれています。

Googleの「プロジェクト・アリストテレス」ではチームを成功に導くには5つの要素が必要であると定義されています。その根底にあるのが心理的安全性です。このプロジェクトは、組織の生産性を高めるためには「心理的安全性」への配慮が必須であることを立証しました。他の要素としては、「お互いへの信頼」「明確な役割・目標」「仕事の意味付け」「業務成果の影響」があります。

つまり心理的安全性がベースにあり、次の段階としてお互いへの信頼感があり、最終的にチームの成功が結果としてもたらされるという理論です。この考え方はどちらかというと、チーム運営や組織マネジメントにあてはめて考えられるフレームです。また心理的安全性という言葉を提唱したリーダーシップ・組織学習の研究者エイミー・C・エドモンドソンの研究でも、心理的安全性はイノベーションに不可欠であると提唱しています（エイミー・C・エドモンドソン『チームが機能するとはどういうことか』）。

よく心理的安全性と聞くと、アットホームな環境、風通しがいい、仲がいい職場と誤解されている人もいますが、これだけでは心理的安全性がある環境とは言えません。エドモンドソンは研究で、「心理的安全性が高いと、仕事に責任を持たせるのが難しいのではないか?」という意見を完全に否定しています。心理的安全性と業務の責任は対局にあるものではなく、職場環境の明確に異なる特性であり両立できるものと定義しています。そして、心理的安全性だけで成り立っている組織はなく、業務の責任という要素もふまえた上でその組織の色や傾向を知ることができるという理論を展開しています。

その理論においては心理的安全性と責任という2軸を用いて組織の傾向を示しています。この理論を組織の心理状態にアレンジしたものが次ページの図「変化と組織のココロの動き」です。

変化発生時における組織のココロの動きに注目

この図では、横軸を業務難易度、縦軸を精神エネルギーとして取っています。簡単な定義は次のとおりです。

◎業務難易度……組織における環境・タスク・プロジェクトへの適応度合
◎精神エネルギー……「安全」「できる」と思える状態の度合

慣れていないタスクや新しいプロジェクトに取り組む場合や、環境への適応が求められている場合には、業務難易度は「高い」と評価できます。

また、精神エネルギーはあえて「心理的安全性」とはせず、簡単に「できる」とか「安全」と思える精神状態であるかどうかを評価します。

そして、この2軸で組織のココロの状態をみると次の4つの傾向が出てきます。

①冷淡ゾーン
業務適応すべき難易度もなければ、精神的に安全とも思えない組織の状態。

別名、思考放棄状態。
②不安ゾーン
安全を感じられない中で、業務難易度が高い。高い水準が求められる。

別名、プレッシャー状態。
③安心ゾーン
安全は感じているが、業務難易度は低い。別名、一歩間違えるとぬるま湯状態。
④熱心ゾーン
安全を感じつつも、業務難易度が高い。別名、長期化するとしんどくなる状態。

熱心ゾーンについては、「学習や挑戦がともなう状態」ともいえるため理想的ではあるのですが、常にこの状態だと精神的な疲労が蓄積し、しんどくなってしまいます。そのた

変化と組織のココロの動き

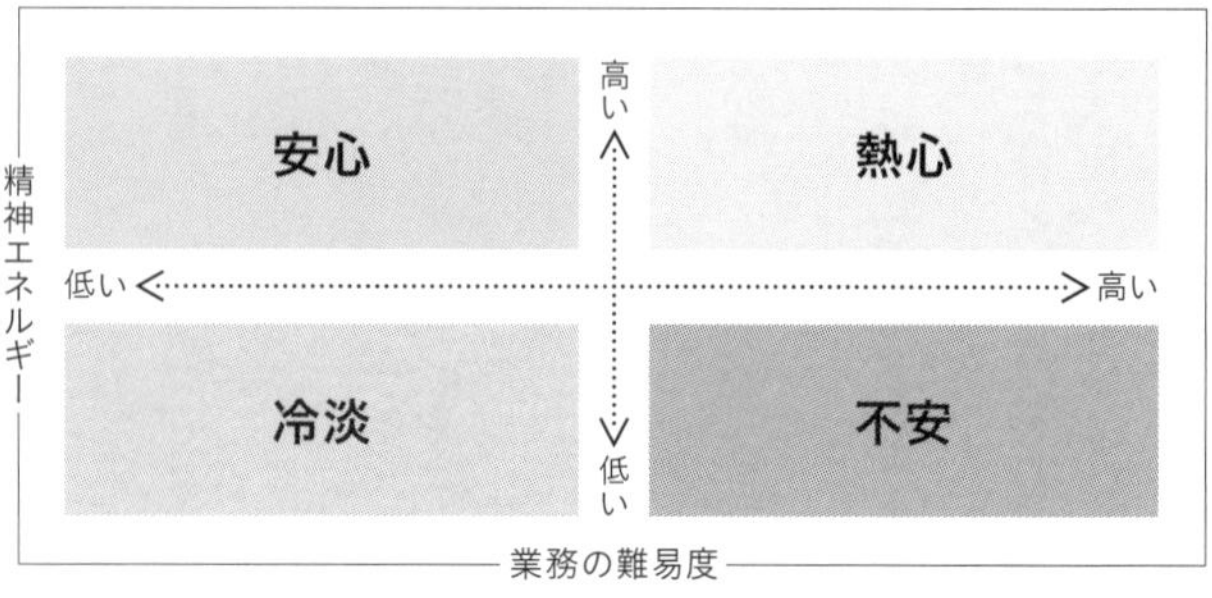

め、「安心」と「熱心」を行き来できるのが心身コンディション的には理想となります。

変化が発生すると組織のココロは4傾向のなかでどのようになりやすいのか見ていきましょう。

組織のココロは変化の中でどう動く?

新型コロナ感染流行にともなう在宅勤務という組織運営の変更に限らず、「何か新しいことをやりましょう!」という形で、組織構成の変更、業務整理、新規プ

ロジェクトへの挑戦、新規事業の立案、新商品の開発、新しい商品知識や言語スキルを付ける勉強会企画など、組織では大小関わらず様々な変化が日々発生しています。あらゆる可能性を模索しつつ、コラボレーションを自社・他社交えて生み出したり、旧来の良さと時代に合わせた調整をかけながら組織運営をトライ&エラーしていったりと、今日までのやり方や去年までのやり方がガラリと変わる。そんな会社・組織は多くなってきていると感じます。この時に仮に、安心ゾーンでぬくぬくと過ごしていた組織はどのような状態になるでしょうか？　適応過程において、そのまま真横の熱心ゾーンへと移動するでしょうか。答えはＮＯです。

　組織に何かしらの変化が加わった時のココロの状態は、必ず右下、つまり不安ゾーンに一旦は落ちます。つまり、個人において変化がストレスとなるのと同様、変化発生時は組織のココロにも不安感が発生します。これを私は「組織の成長痛」と名付けています。

　通常、この不安感は時間経過とともに回復します。業務をやる前は当然、「できるかな？大丈夫かな？」という不安が生じますが、業務を実際にやってみたり、方向性をつかんだりしていく過程で「なんとなくできそう」とか「最初に抱いていた印象よりいけそう」という感覚が生まれていきます。それにつれて精神エネルギーが回復していき、「熱心ゾーン」に入っていきます。業務難易度そのものは変わらずとも、実際に業務を行い何をすべきかが段階的に見えてくると、「安全にできそう」という感覚が生まれてくるというわけです。

組織の成長痛

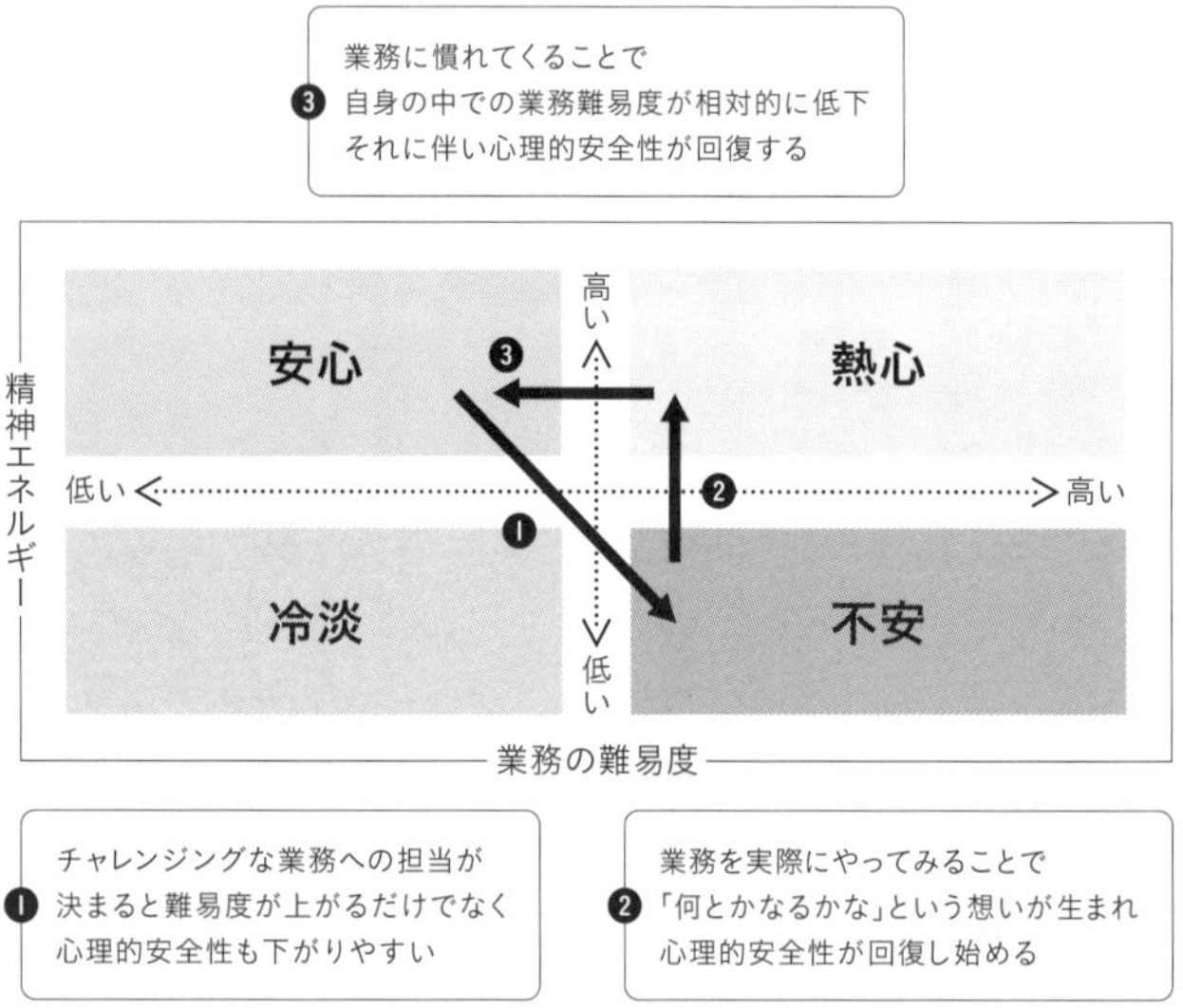

❸ 業務に慣れてくることで
自身の中での業務難易度が相対的に低下
それに伴い心理的安全性が回復する
精神エネルギー
高い
低い
安心
熱心
冷淡
不安
低い
高い
業務の難易度
❶ チャレンジングな業務への担当が
決まると難易度が上がるだけでなく
心理的安全性も下がりやすい
❷ 業務を実際にやってみることで
「何とかなるかな」という想いが生まれ
心理的安全性が回復し始める

変化が生じると初めは不安感が出ますが、次第に「精神エネルギー」が回復し、難しいながらもなんとかやろうと熱心ゾーンに入る。業務に慣れてきて完全につかめてくると、安心ゾーンに戻ってきて相対的に業務難易度が下がっていくという流れです。

この流れ「安心ゾーン→（変化発生）→不安ゾーン→熱心ゾーン→安心ゾーン」の繰り返しが、組織が伸びていくうえでの「組織の成長痛」です。

変化を過度に与えると不安を生み出す

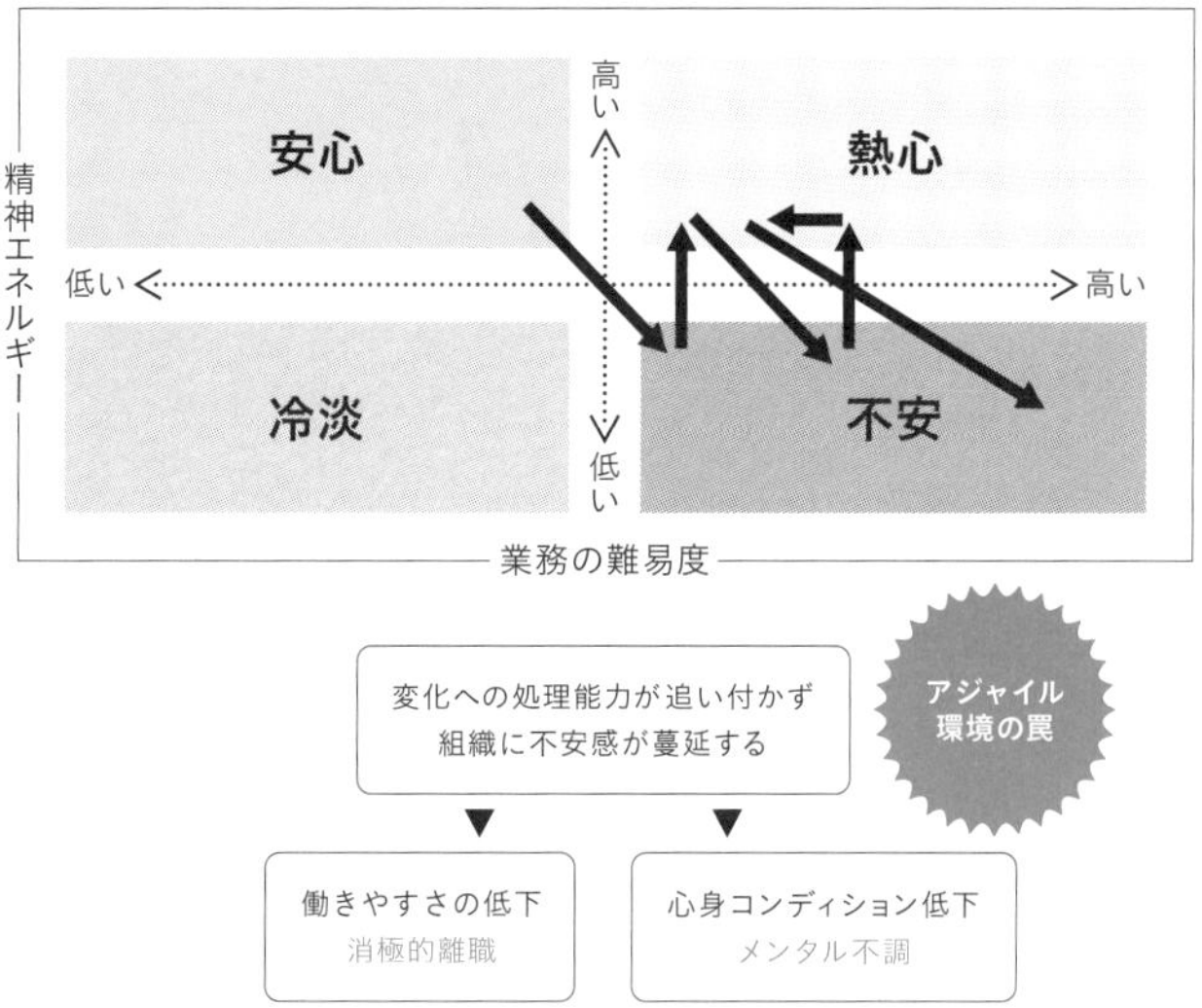

特に、アジャイル環境がまさにこのループと密に関わっています。アジャイル（agile）とは「素早い」「俊敏な」という意味です。システムやソフトウェア開発において小単位の開発を何度か繰り返し、トライアンドエラーで改良しつつシステムの最終完成を目指す「アジャイル開発」という言葉で、2000年代に入ってから使われるようになりました。そこから派生し、大きな計画通りにプロジェクトを進めるのではなく、環境変化に応じて迅速かつ柔軟に対応

する手法を「アジャイル○○」と呼んでいます。

アジャイルが求められる環境では、柔軟な戦略や素早い意思決定と、柔軟な開発サイクルがともないます。こうした組織では、安心ゾーンにいることの方が少なく、不安と熱心の行き来がよく見られます。そのため、本来ならば時間経過とともに精神エネルギーが回復し熱心ゾーンに差しかかるところで、もう1段階変化が加わり、不安感が増して不安に落ちます。「いけるかな」「やれそう」と思ったらまた変化、の繰り返しでなかなか不安から抜け出せません。

ビジネススピードの加速と組織運営の柔軟化にともない、多くの会社がこんな状況になりつつあるのではないでしょうか。この場合、変化の繰り返しで不安から抜け出せず、環境への変化が追い付かないことで、メンタル不調者が増加したり、働きやすさの低下による離職が起きてしまう……まさに、「アジャイル環境の罠」です。

「組織の成長痛」不安はどう対処できるのか？

ではどうしたら、組織の精神エネルギーを維持させつつ、変化に耐えうる組織を作ることができるのでしょうか。変化時に発生する「不安」にどう対処すれば不安ゾーンに入ら

対策1：心理的安全性を上げる

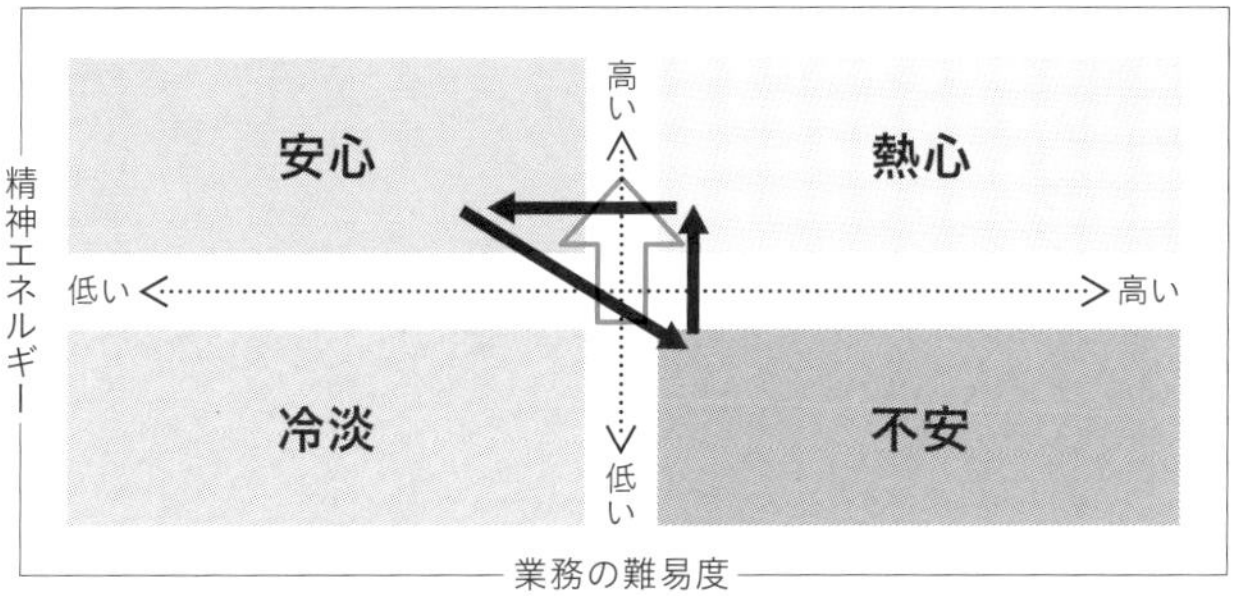

ベースラインを上げることで不安ゾーンを遠ざけることが可能

心理的安全性の上げ方

精神サポート

- 部下に関心を持つ
- 存在承認の促進
- 1on1
- キャリアサポート
- ラインケア

ずに済むかについて考えていきます。

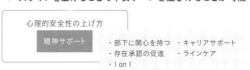

対策❶ 精神サポートの活用で心理的安全性を底上げ

精神エネルギーを上げるためには、基本となる心理的安全性が必要です。

そのためには、精神サポートを上手く活用することがキーとなります。具体的には、1on1の実施、キャリアサポート、ラインケアの3点が有効です。1on1は上司と部下の1対1の面談ですが、ここでの注意点は

「業務管理はせずに精神サポートに注力する」ということです。何に不安を感じているのか？　行動を制限するきっかけとなる精神的ハードルはどこにあるのか？　部下が何を考えて行動しているのかに関心を持ち、相手を理解するための時間という認識をもつことがお勧めです。

１on１がうまくいかないときの背景には、１on１の時間で業務管理しかやっていないか、「業務管理＋精神サポート」のどちらもやろうとしているという傾向があります。部下とわざわざ１対１で話すその時間の「目的が何か」を明確にして実施することが、１on１を上手く活用するためのキーとなります。日常的なコミュニケーションやチームミーティングで業務管理を行っている場合、１on１でも同じようにわざわざ業務管理をする必要はありません。１on１を通じて部下の承認機会を増やし、「居てくれてありがとう」という感謝の気持ちを感じさせることが、心理的安全性を底上げするための第一歩です。

対策❷
変化による不安への落ち込み角度をゆるやかにし、「絶対できない」気持ちにさせない

精神エネルギーは、簡単に言うと「できる」とか「安全」と思える精神状態にあるかどうかです。急激な変化や繰り返し起きる変化によって不安感が増大し、「できない……」「無理」となることは予期できます。では単純に「できる気にさせるにはどうしたらいいのか？」。そのためには、不安への落ち込みの角度を鈍くすることです。

対策2：不安への落ち込み角度を減らす

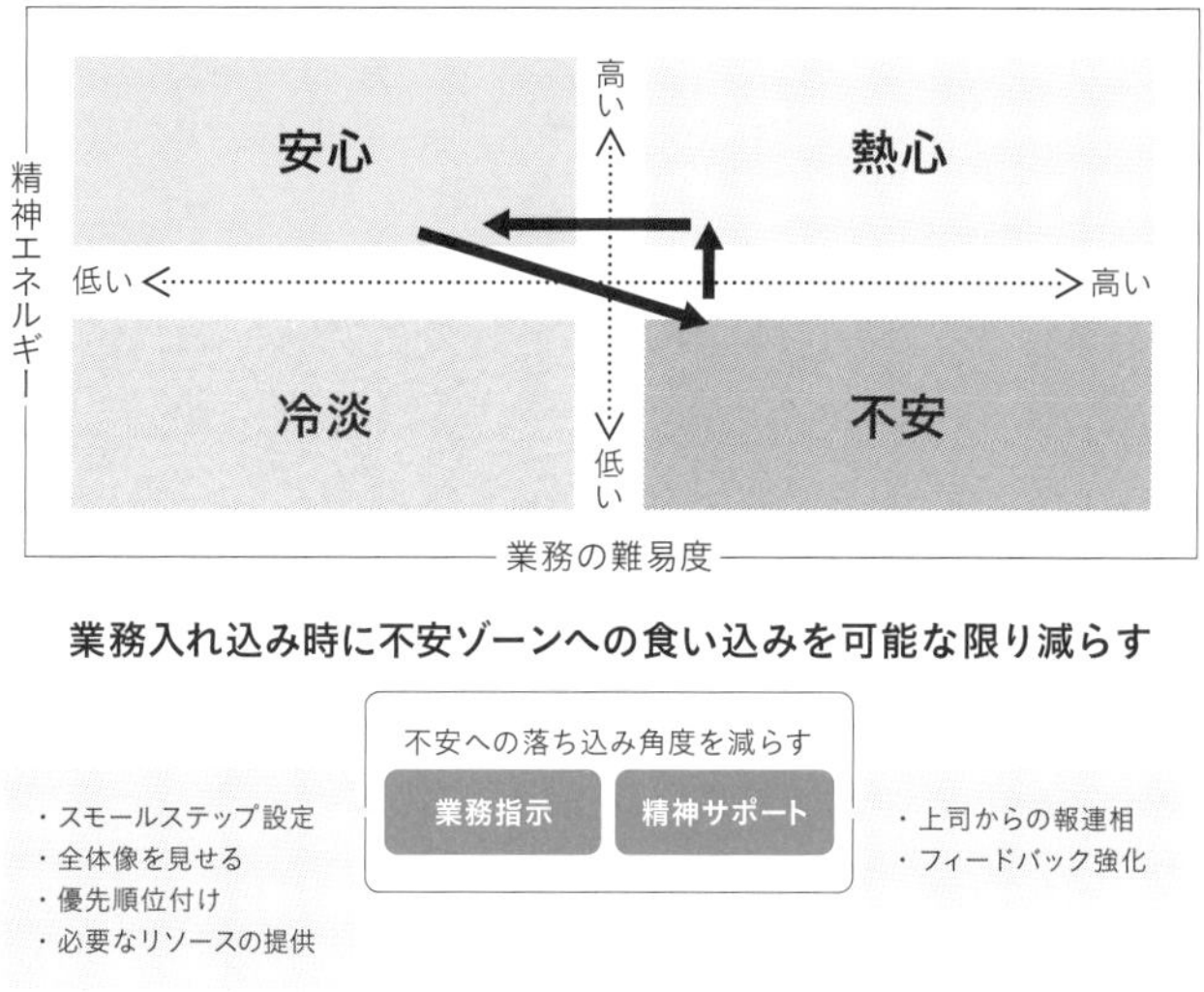

業務指示では、「スモールステップで指示をする」「マイルストーン設定を行う」「全体像の共有を行う」「必要なリソースを補充する」等、業務をやり易くするための支援を行います。

精神サポートでは、上司からの報連相が重要となります。業務の全体像の共有だけでなく、「全体の話としてはこんな感じで、その上でお願いしていることはこういうことを目的にしている」と付け加えるのがおすすめです。部下からの報告を待つだけではなく、上司から積極的に報連相を行い、役割を明確化にし、期待していることを伝えられている会社は現場コミュニケーションだけでなく、業務遂行も上手に進められていることが多いです。また、その他の方法として、フィードバック強化も有効です。良い点だけでなく改善できる点も踏まえつつ対話することで、「見てもらっている」ことが伝わり、「不安だけどできそう……」という形で精神エネルギーの向上にも影響していきます。

対策❸
変化への適応時間をしっかりとる

時には変化を避け、不安から抜け出す時間をとります。不安感の増大によるメンタル不調や、望まぬ離職が発生する可能性を懸念し、状況に応じてビジネスのスピードを緩めて確実性を追求することが必要になることもあります。速さばかり追求しても、組織全体が疲弊してしまっては元も子もありません。

業務管理では、旧来型の時間管理や業務指示が必要になることがあります。精神サポートでは上司からの報連相に加え、プロセス承認をしっかりと行うことで、全体の何%くらいまで到達しているのか、次に進むべきはどこなのかが明確になり不安感が軽減されます。

不安への対策は主にこれら3つとなりますが、アジャイル環境の罠に陥っている会社や組織では、このループ「安心ゾーン→（変化発生）→不安ゾーン→熱心ゾーン→安心ゾー

対策3：適応時間の確保

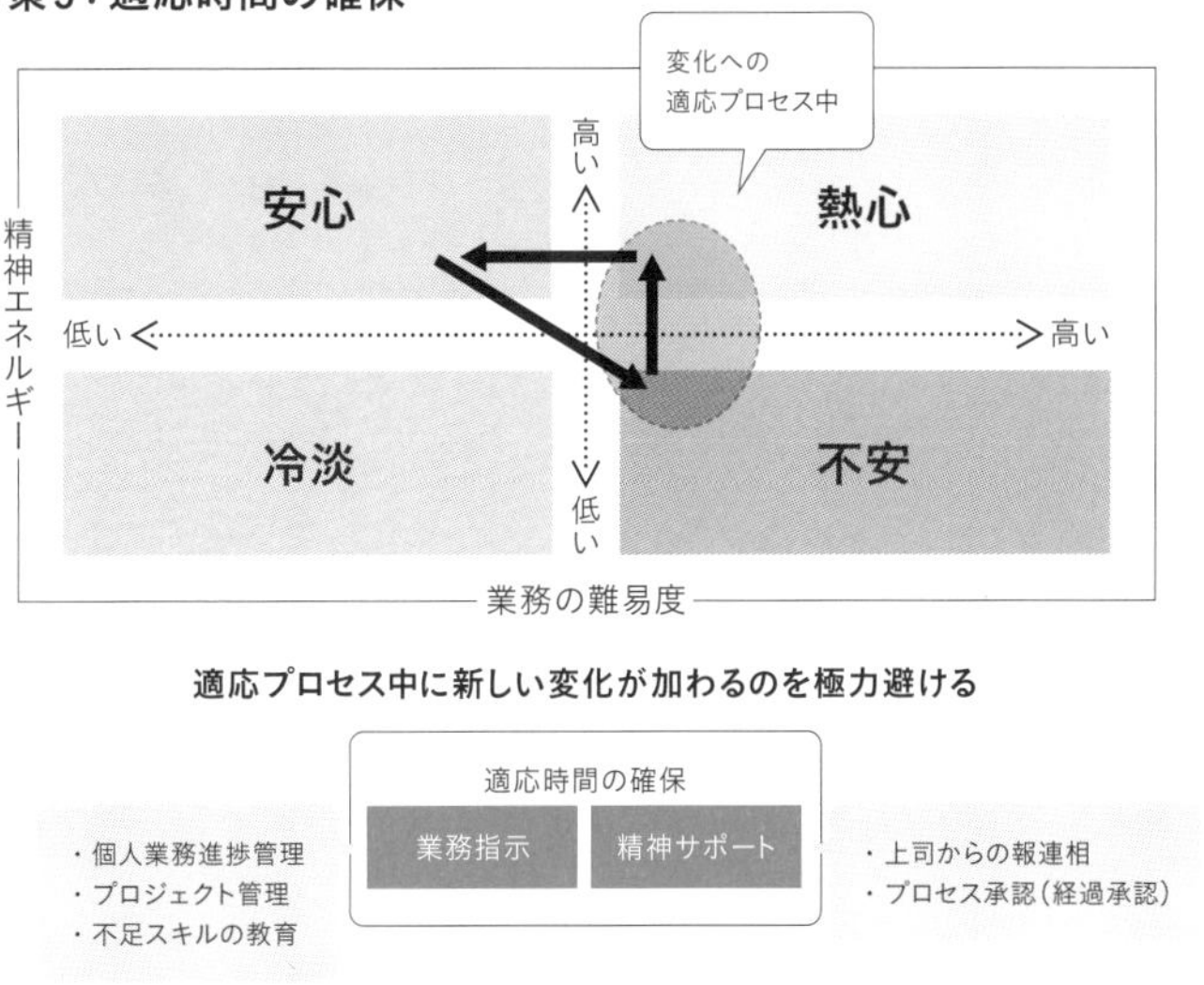

ン」の回し方が早すぎたり、または対策が甘いことで、不安ゾーンから抜け出す前に次の変化を与えた結果、メンタル不調者や離職者を増加させてしまったりすることが多くあります。

経営者や人事担当者とお話しすると「では変化は起こさない方がいいんですか？」「意図した変化を段階的に与えるのは難しくないですか？」と聞かれることがよくあります。

組織に変化はつきものです。ただ、その変化の速さに組織のココロが追い付いているのか、マネジメントの質や組織体制が整っているのか、その2点に問題がないかを確認していただきたいです。それらの問題を放置し、スピードアップばかり追い求めたり、組織運営を頻繁に変えたりした結果、変化によって社員の不安感が増大し、組織運営に問題を抱えてしまった組織が最近よく見られるので、要注意です。

6章のまとめ

変化に適応しながら社員の不安をケアする

パラダイムシフトは働く個人や組織に大きな影響をもたらす。組織がパラダイムシフトをチャンスにするためには、時代や社会情勢の変化に柔軟に対応していく「アジャイル型組織」であることが求められている。

また、変化が生じやすい時代の組織運営は、組織・個人ともに適応過程で不安を抱えやすい。変化とともに進んでいく組織では、「変化による不安へのケア」が求められる。人事は不調者への対応の強化、上司は不調者の早期発見、社員にはセルフケアの強化という形で、変化適応時に必ず生じる「不安」を早い段階でケアすることも、変化に強い組織に求められる対策である。

社員のココロに関心を示す

コロナを機に、社員の労働価値や、働くことの価値観が世界的に揺らいでいる。社員が働く上で求めるものと、会社が提供できる価値にはギャップが生じやすく、それが溝となる。それは優秀な人材の離職、採用における苦戦、身体やメンタルヘルスの不調、職場の雰囲気の悪化等、「組織の病」として出現してくる。それらの課題が露呈した際、会社側は社員の感情に配慮しすぎるあまり、「働きやすい会社」になるための施策に偏重しがちである。しかし、「働き方」への施策は、会社の存在意義ともいえる「価値創出」を導く源となる「組織活性」を生むための手段であるということも意識したい。そして闇雲に全社員を幸せにする施策を追い求めるのではなく、ありたい企業像を実現するためには、「誰の」「どの課題」に優先的に取り組む必要があるか考えるターゲティング戦略の思考も重要だ。

組織には「人のココロ」と「組織のココロ」が存在している。そのココロへの無関心が「組織の病」を引き起こしている。これまでの「当たり前」が通用しなくなるこれからの時代だからこそ、ステークホルダーのココロに関心を持って組織運営を行っていくことが、良い組織・ありたい企業像を実現するうえでより一層求められてくる。

おわりに

これからの組織運営はどう変化していくのが望ましいのだろうか？

2020年前半はそのようなモヤモヤを私自身も感じました。

今後も社会情勢の変化、災害、厄災はいつ起きてもおかしくありません。いつ何が起きても崩れない強固な組織を作ること、それはどの経営者も望むことです。しかしこれだけビジネススピードが速く、そして、価値観が多様化している現代においては、安定した強固な組織というよりは、急速なビジネス環境の変化に柔軟に対応できる組織であることの方が重要だと感じています。

この本では、組織運営を変えるか変えないか、という点に焦点を当てて書かせていただきましたが、変化に対応できる組織でなければ、変えるという選択をとること自体が難しくなってしまいます。

変化に対応できる組織となるためにはどうすればいいか？

私は産業医として活動する際に「変化はいい事も悪い事もストレスになる」とお話ししています。変化への適応は精神的なエネルギーを消費する、ということです。それは個人レベルでも、また組織のレベルでも顕著に影響が出てきます。だからこそ、通常時から、社員のココロ、組織のココロの動きに注目し、組織の状態を「見る」ことが大切だと考えています。

「社員の健康と事業保全のバランスをどう考えていくか？」

今回の企画は、クロスメディア・パブリッシング代表小早川幸一郎さんから持ちかけられたこの質問から始まりました。そして、経営者として、産業医として、経営コンサルタントとして、私の3つの立場を通じた組織の見方が、この不安定かつ急激な変化がもたら

された時代の中での組織運営を考えるうえで何かお役に立てればと思い執筆をさせていただきました。前作に続き、このような機会を与えていただいた小早川さんには大変感謝しております。また、私の考えを分かり易い原稿と構成に起こしていただいたエリクシアの内村美貴さん、編集を担当いただいたクロスメディア・パブリッシングの石井一穂さんのおかげもあり、一冊の本という形にすることができました。ありがとうございました。

また顧客企業の経営者・人事担当者・管理職・従業員の方々との本音のやり取りが私の理論の根底にあり、日々学ばせていただいております。大変感謝しております。

新型コロナ感染流行に伴い不安が付きまとう中でも、「お客様のために何が出来るか？」にこだわりをもって考えて行動に起こしてくれているエリクシアの仲間たち、ありがとう。

多くの会社が漠然と抱える「これからどうする？」の疑問に対して、前向きな施策に取り組むための背中を押せる存在として、本書がその一助となることを願っています。

上村　紀夫

【著者略歴】

上村紀夫（うえむら・のりお）

株式会社エリクシア代表取締役・医師・産業医・経営学修士(MBA)。1976年兵庫県生まれ。名古屋市立大学医学部卒業後、病院勤務を経て、2008年ロンドン大学ロンドンビジネススクールにてMBAを取得。戦略系コンサルティングファームを経て、2009年「医療·心理·経営の要素を用いた『ココロを扱うコンサルティングファーム』」として株式会社エリクシアを設立。これまで30000件以上の産業医面談で得られた従業員の声、年間1000以上の組織への従業員サーベイで得られる定量データ、コンサルティング先の経営者や人事担当者の支援・交流で得られた情報をもとに、「個人と組織のココロの見える化」に取り組む。心理的アプローチによる労使トラブル解決やメンタルヘルス対策の構築、離職対策のコンサルティング·研修·講演などを行う。著書に『「辞める人・ぶら下がる人・潰れる人」さて、どうする？』（クロスメディア・パブリッシング）がある。

組織《そしき》と働《はたら》き方《かた》を「変《か》える・変《か》えない・先延《さきの》ばす」
さて、どうする？

2020年 9月 11日　初版発行

発行　**株式会社クロスメディア・パブリッシング**

発行者　小早川 幸一郎

〒151-0051　東京都渋谷区千駄ヶ谷 4-20-3 東栄神宮外苑ビル

http://www.cm-publishing.co.jp

■本の内容に関するお問い合わせ先 …………………… TEL (03)5413-3140／FAX (03)5413-3141

発売　**株式会社インプレス**

〒101-0051　東京都千代田区神田神保町一丁目105番地

■乱丁本・落丁本などのお問い合わせ先 ……………… TEL (03)6837-5016／FAX (03)6837-5023

service@impress.co.jp

（受付時間　10:00～12:00、13:00～17:00　土日・祝日を除く）

※古書店で購入されたものについてはお取り替えできません

■書店／販売店のご注文窓口

株式会社インプレス　受注センター ……………………… TEL (048)449-8040／FAX (048)449-8041

株式会社インプレス　出版営業部 …………………………………………………… TEL (03)6837-4635

ブックデザイン　金澤浩二（cmD）

DTP　荒好見（cmD）

印刷・製本　中央精版印刷株式会社

カバー・本文イラスト　スタジオパペル

編集協力　内村美貴

ISBN 978-4-295-40454-5 C2034